中国古典园林

王 俊 著

 中国商业出版社

图书在版编目（CIP）数据

中国古典园林/王俊著.--北京：中国商业出版社，2022.10

ISBN 978-7-5208-2179-7

Ⅰ.①中… Ⅱ.①王… Ⅲ.①古典园林—介绍—中国 Ⅳ.①K928.73

中国版本图书馆 CIP 数据核字（2022）第 152202 号

责任编辑：石胜利

策划编辑：王　彦

中国商业出版社出版发行

（www.zgsycb.com　100053　北京广安门内报国寺 1 号）
总编室：010-63180647　编辑室：010-63033100
发行部：010-83120835/8286
新华书店经销
三河市吉祥印务有限公司印刷

*

710 毫米 ×1000 毫米　16 开　13 印张　173 千字
2022 年 10 月第 1 版　2022 年 10 月第 1 次印刷
定价：47.00 元

****

（如有印装质量问题可更换）

序言

国粹者,民族文化之精髓也。

中华民族在漫长的发展历程中,依靠勤劳的素质和智慧的力量,创造了灿烂的文化,从文学到艺术,从技艺到科学,创造出数不尽的文明成果。国粹具有鲜明的民族特色,显示出中华民族独特的艺术渊源以及技艺发展轨迹,是民族智慧的结晶。

梁启超在1902年写给黄遵宪的信中就直接使用了"国粹"这一概念,其观点在于"养成国民,当以保存国粹为主义,当取旧学磨洗而光大之"。当时国粹派的代表人物黄节于1902年在《国粹保存主义》一文中写道:"夫国粹者,国家特别之精神也。"章太炎1906年在《东京留学生欢迎会演说辞》里也提出了"用国粹激动种性"的问题。

1905年《国粹学报》在上海的创刊第一次将"国粹"的概念带入了大众的视野。当时国粹派的主要代表人物有章太炎、刘师培、邓实、黄节、陈去病、黄侃、马叙伦等。为应对西方文化输入的影响,他们高扬起"国学"旗帜:"不自主其国,而奴隶于人之国,谓之国奴;不自主其学,而奴隶于人之学,谓之学奴。奴于外族之专制谓之国奴,奴于东西之学,亦何得而非奴也。同人痛国之不立而学之日亡,于是瞻天与火,类族辨物,创为《国粹学报》,以告海内。"(章太炎:《国粹学报发刊词》)

中华民族经历着伟大的历史复兴,中国崛起于世界之林,随着经济的发展,国家日渐强大,文化的影响力日益凸显。

20世纪,特别是80年代以来,国学已是社会和学界关注的热门。21世纪,我国经济、文化有了更大的发展,从文化自信到文化强国,我们有全面梳理中国传统文化精华,并加以宣扬和传播的使命与义务,以便广大读者特别是青少年,对其重新认知和用心守护。

因此,国粹系列丛书的出版恰逢其时。这套书有四大特色。

第一,这套书是在当下信息时代的大背景下,立足中国传统文化经典,重视学术资料性,以图文并茂的形式,全面系统地阐释中华国粹。同时,每一种书都有深入探索,在"历史—文化"的综合视野下,对各时代人们的生活情趣和心理境界作了具体探讨。它既是记录中华国粹经典、普及中华文明的读物,又是兼具严肃性和权威性的中华文化典藏之作,可以说是学术性与普及性的结合。这当能使我们现代年青一代,认识中华文化之博大精深,感受中华国粹之独特魅力,进而弘扬中华文化,激发爱国主义热情。

第二,这套书既注重对文化作历史性的线索梳理,探索不同时代特色和社会风貌,又沟通古今,着重联系现实,吸收当代社会科学与自然科学的新鲜知识,形成更为独到的研究视野与观念。其中不少书的历史记述从先秦两汉开始,直至20世纪,这确为古为今用提供了值得思索的文本,通过对各项国粹的历史发展脉络的梳理总结,提出了很多建设性的意见和发展策略。

第三,这套书既注重历史发展梳理,又注重对地域文化进行探索、研究。例如,《中国古代木雕》一书,既统述了木雕艺术的发展历程(自商周至明清),又分列了江浙地区、闽台地区、广东地区,以及西部少数民族地区的木雕艺术特色。再如,《中国古代饮食文化》一书,既介绍了我国饮食文化的发展历程,又论述了中国八大菜系的具体知识,即鲁菜、川菜、粤菜、闽菜、苏菜、浙菜、湘菜、徽菜。这套书在记述中注意与社会风尚、民间习俗相结合,确能引起人们的思乡之情。中华民族文化是一个整体,但它是由许多各具特色的地域文化组合、融汇而成的。不同地域的文化具有不同的色彩,这就使中华文化多姿多彩,展示地域文化的特点,无疑将把我们的文化史研究引向深入。另外,这套书还探讨了多种国粹对其他国家的影响。中华文明在国外的传播，已经形成一种异彩纷呈、底蕴丰富的文化形象，对中外文化交流起到了促进作用。

第四，这套书，每一种都是图文并茂、文字流畅，饶有情趣，极具吸引力。特别是在介绍山水、田园，以及各种戏曲、说唱等艺术品类时，更是"使笔如画"，使读者徜徉在美不胜收的艺术境地。阅读者会得到知识的增进和审美情趣的愉悦。

时代呼唤文化，文化凝聚力量，文化越来越成为民族凝聚力和创造力的重要源泉。要大力弘扬中华优秀传统文化，大力发扬社会主义先进文化，把我国建设成为文化强国，实现中华民族的伟大复新兴。我们希望这套国粹经典，不仅能促进青少年阅读，还能服务于当前文化的奋进新征程，铸就辉煌前景。

王　俊

于普纳威美亚公寓

壬寅年春

第一章 漫话园林

第一节 园林概览……2
  一、何谓园林……2
  二、园林价值……3
  三、园林开发……4

第二节 中西园林比较……6
  一、道路有别……6
  二、植物异样……7
  三、建筑差异……8
  四、原则不同……8

第三节 古典园林的起源与发展……11
  一、商周时期——最初园林的产生、发展……11
  二、秦汉时期——宫苑的发展……12
  三、魏晋南北朝时期——自然山水园林萌发……13
  四、隋唐时期——写意山水园的发展……14
  五、宋元时期——"文人园"的成熟期……14
  六、明清时期——古典园林的巅峰期……15

第四节 古典园林的分类……17
  一、开发方式……17
  二、隶属关系……18

三、地理位置	19
第五节 古典园林的特色	21
一、模山范水	21
二、适宜人居	22
三、巧于因借	22
四、空间灵动	22
五、小中见大	24
六、文化丰富	24

第二章 古典园林的构成元素

第一节 叠山	28
一、堆山置石	29
二、"蕴千年之秀"的太湖石	30
三、江南三大名石	32
第二节 理水	37
一、如诗如画的水环境	37
二、收放自如的理水造景	39
三、构思巧妙的理水技法	41
四、古代园林理水之法	43
第三节 花木	44
一、象征寓意	44
二、四季变换	46
三、栽植有法	47
第四节 建筑	49
一、形式多样	49

二、奇思妙想 …………………………………… 56
三、诗情画意 …………………………………… 56

第三章　皇家园林叙沧桑

第一节　"塞外京都"承德避暑山庄 ……………………… 60
　一、"中国园林艺术的博物馆" ………………………… 61
　二、"清朝第二个政治中心" …………………………… 64
　三、"清代四大戏楼"之一 ……………………………… 66
　四、厚重的文化价值 …………………………………… 68
第二节　"万园之园"圆明园 ……………………………… 69
　一、三代帝王盛世建园 ………………………………… 70
　二、三大名园争奇斗艳 ………………………………… 71
　三、三种妙法巧取美景 ………………………………… 75
　四、名园劫难历史耻辱 ………………………………… 78
　五、遗址保护工作 ……………………………………… 79
第三节　"园林之首"颐和园 ……………………………… 82
　一、追根溯源 …………………………………………… 82
　二、艺术典范 …………………………………………… 85
　三、世界遗产 …………………………………………… 89
第四节　"长寿皇苑"中南海 ……………………………… 91
　一、历史悠久 …………………………………………… 92
　二、皇家气派 …………………………………………… 93
　三、帝国缩影 …………………………………………… 95

第四章　江南园林甲天下

第一节　扬州个园 ……………………………………………… 100
　　一、盐商建园，挥金如土 ………………………………… 100
　　二、四季假山，气宇非凡 ………………………………… 102
　　三、缩影自然，融合南北 ………………………………… 104
第二节　无锡寄畅园 …………………………………………… 106
　　一、秦家故园，清帝垂青 ………………………………… 106
　　二、东水西山，景致盎然 ………………………………… 107
　　三、山林野趣，清幽古朴 ………………………………… 109
第三节　上海豫园 ……………………………………………… 111
　　一、江南奇秀，几经兴衰 ………………………………… 111
　　二、闹中取静，城市山林 ………………………………… 112
　　三、花展灯会，别样风采 ………………………………… 115
第四节　南京瞻园 ……………………………………………… 117
　　一、六百年风雨，历史沧桑 ……………………………… 118
　　二、金陵第一园，文藏丰富 ……………………………… 118
　　三、山水石三景，风光旖旎 ……………………………… 119

第五章　苏州园林甲江南

第一节　"中国园林之母"拙政园 …………………………… 124
　　一、历经沧桑的明代风韵 ………………………………… 125
　　二、古朴典雅看"三园" ………………………………… 128
　　三、水景出众，建筑唯美，林木绝胜 …………………… 130

第二节 "吴中第一名园"留园 ································ 132
  一、"刘园"——"留园"变变变 ································ 132
  二、袖珍园林里的大千世界 ································ 134
  三、绝妙布局的完美图画 ································ 136
  四、留园美景知多少 ································ 138

第三节 "水之亭园"沧浪亭 ································ 143
  一、千年古亭,风雅犹存 ································ 143
  二、人文园林,底蕴深厚 ································ 146
  三、复廊蜿蜒,曲径通幽 ································ 147
  四、布局和谐,简洁古朴 ································ 149

第四节 "假山王国"狮子林 ································ 152
  一、浓郁禅意入园林 ································ 153
  二、假山迷宫甲园林 ································ 155
  三、花木掩映衬园林 ································ 158

第五节 "以少胜多"网师园 ································ 160
  一、渔夫之园,隐逸情怀 ································ 160
  二、布局紧凑,小中见大 ································ 162
  三、花木造景,别有风韵 ································ 165

第六节 苏州园林连连看 ································ 167
  一、"别开生面,独步江南"的环秀山庄 ································ 167
  二、耦园:东方式的罗曼蒂克 ································ 169
  三、幽静淡雅的退思园 ································ 171
  四、艺圃:显现浓郁的人文气息 ································ 174

第六章　园林文化面面观

第一节 有趣的园名 ································ 178
  一、园名溯源 ································ 179

二、园名趣谈 ················· 180
第二节　别致的匾额、楹联 ············ 183
　　一、归隐之情 ················· 183
　　二、审美旨趣 ················· 185
　　三、新颖意趣 ················· 186
第三节　飘逸的书法艺术 ············· 188
第四节　古典园林在国外 ············· 190
　　一、两次古典园林"中国热" ·········· 190
　　二、国外的中国园林 ·············· 191

参考文献 ····················· 195

漫话园林

第一节 园林概览

一、何谓园林

园林，在中国古籍里也称作"园""囿""苑""园亭""庭园""园池""山池""池馆""别业""山庄"等，而西方欧美各国则称之为"Garden、Park"或"Landscape Garden"。中西方的园林虽然在性质、规模上不完全一样，但都具有一个共同的特点，即在一定的地段范围内，利用并改造天然山水地貌，或者人为地开辟山水地貌，结合植物的栽植和建筑的营造，从而构成一个供人们观赏、游憩、居住的自然环境和游憩境域。

"园林"一词，最早见于西晋以后的诗文中，如西晋张翰的《杂诗》有"暮春和气应，白日照园林"句；北魏杨衒之的《洛阳伽蓝记》评述司农张伦的住宅时说："园林山池之美，诸王莫及。"唐宋以后，"园林"一词的应用更加广泛，逐渐约定俗成。

随着时代和社会的发展，园林的种类

上海豫园灯会城隍庙

和形态也在不断的丰富。它不仅包括庭园、宅园、小游园、花园、公园、植物园、动物园等，还包括森林公园、城市广场、街道、风景名胜区、自然保护区或国家公园的游览区以及疗养胜地。

> **知识小百科**
>
> **"园林"名称的由来**
>
> 在中国历史上，园林因内容和形式的不同使用过很多不同的名称。商周时期，以畜养禽兽供狩猎和游赏的区域称为"囿"或"猎苑"。秦汉时期，供帝王游憩的区域称为"苑"或"宫苑"；属官署或私人的称为"园""园池""宅园""别业"等。

二、园林价值

园林实际上是一种大型工艺品，既具有可居可行的实用价值，又具有可观可游的审美价值。

俗话说："上有天堂，下有苏杭。"这在某种程度上是因为苏州有众多巧夺天工的园林美景。天堂是人们想象中的园林，园林是人世间的天堂。翻阅《圣经》《古兰经》和佛教经典可知，世界三大宗教所描述的"乐园""天国""极乐世界"，其构成的元素几乎完全一致，都少不了树木、果实、河流、池沼，或者再加上精美的楼台、明丽的道路——这些正是一座园林的基本内容。园林可以说为人们提供了理想生活的场所和游览玩赏的艺术空间，让人们享受现世的欢乐。无论古今中外，园林

苏州园林拙政园

都是真、善、美三位一体的艺术空间，是自然与人工完美交融的精神家园。

但是德国著名的哲学家黑格尔却认为园林是"不完备的艺术"，原因就是它没有脱离实用性、物质性。

在古代，园林是主要供人们游憩赏玩的，具有很强的实用性。起初，园林是单纯供帝王贵族狩猎游玩的苑囿，其目的是供统治者的生活消费，即满足统治者的物质需求。随着生产力的发展，物质资料逐渐丰足，此后园林慢慢增加了一些人们对于精神生活追求的项目，于是园林逐渐开始有了一些娱游观赏的审美功用。

现在，园林不只是作为游憩之用，而且具有保护和改善环境的功能。园林中的植物可以吸收二氧化碳，释放氧气，净化空气，在一定程度上吸收有害气体，吸附尘埃，减轻污染；可以涵养水源，调节空气的温度、湿度，改善小气候；可以减弱噪声，还具有防风、防火等防护作用。

苏州园林拙政园

现代人尤为重视园林在心理上和精神上的功用。因为现代生活节奏加快，心理健康成为人们重点关注的问题。而人们游憩在景色优美和安静宜人的园林中，有助于消除长时间工作带来的紧张和疲乏，使身心能够得到全面放松，从而使脑力和体力得到恢复。

三、园林开发

园林的开发一般分为两大类：一类是利用原有自然风致，在此基础上修整开发，开辟路径，布置建筑，不用耗费太多的人力、物力，就可形成美观自然的园林。如唐代王维的"辋川别业"就是将私家别墅营建在山水风光旖旎的天然山谷区，这样的园林也可称为"山林别墅"。另一类是人工园林，即在一定的地域范围内，为改善生态、美化环境、满足游憩和文化生活需要而创造的环境，如苏州园林拙政园，原址为唐代诗人陆龟蒙的住宅，明代名宦王献臣归隐苏州后将其买下，聘请著名画家文徵明参与设计，大兴土木，广聘能工巧匠，前后历时16年方才建成。

园林的开发与人们的审美观念、社会的科学技术水平相始终，它更多地体现了人们美化自我生存空间的追求。现在，园林的开发选址已不拘泥于名山大川、深宅大府，而广泛建置于街头、交通枢纽、住宅区、工业区以及大型建筑的屋顶，并且使用的材料也从传统的自然建筑用材扩展到水体、灯光、音响等综合性的现代化技术手段。

月牙泉风光

第二节 中西园林比较

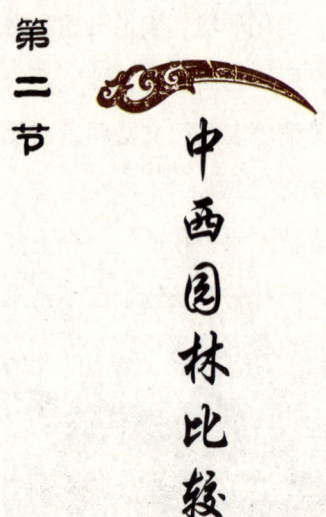

西方园林讲比例，讲对称式布局，规整划一，有严格的几何设计，大多数是规则式；中国园林则如大自然的一个单元，讲究交错韵律。西方园林要求心理平衡，强调人工修整；中国园林取法自然，强调自然曲折。总之，自古以来，中西园林在结构、手法、风格等方面都存在明显的差异，具体表现如下：

一、道路有别

中国园林中的道路是园林游览的组织者，它曲折有致，蜿蜒穿梭，导引游客忽东忽西、时南时北地观赏各处景色。可以说，"曲径通幽"是对中国园林道路的准确描绘。道路同时又是重要的审美对象，它宽窄多变，起伏有致，路面还用青砖、瓷片、鹅卵石等铺砌成朴素而美观的图案。如一进入无锡寄畅园，游客就得顺着路径，或走"郁盘廊"，或过"七星桥"，移步换景，不停地变换欣赏角度。

西方园林则多是笔直的大道，组成井井有条的网络，其功能单一，就是解决园林中的交通问题。例如法国凡尔赛宫苑，它的大小道路全是直线，

巴黎凡尔赛

或纵贯东西，或横穿南北，组合为若干个巨大的交通网，道路之间交叉成无数直角与锐角，其总平面图呈现为一个数学题似的几何图形。

二、植物异样

中国园林的花卉树木强调自然天成，还特别注意花木的象征寓意，如松、竹、梅，俗称"岁寒三友"，有"君子"之称，寓意高洁的品性。栽花植树重在取意，而不在数量，点到即止，以少胜多，其目的在于使人通过有限的景致展开想象，生发无限的诗情画意。

西方园林中的植物则被强加以人的意志。树木一律整齐地排列在道路两旁，如同被检阅的仪仗队。树冠修剪得规整划一，如球形、方形、圆锥形、葫芦形、尖塔形等，美其名曰"绿色雕刻""绿色建筑"。西方园林中特有的草坪，俨然是经过精心整烫过的绒毯。还有，西方园林的花卉种植也与中国园林大异其趣，只重视花卉的色彩表现，既不注意花卉本身的姿态，也不重视不同品种的个性。

三、建筑差异

中国园林以自然景物为主要构成单位,把人工建筑物化整为零,使二者融为一体,亭台楼阁与山水竹木互为对景,你中有我,我中有你。例如楼、阁、亭、台、廊、庑、槛、榭这些典型的古典园林建筑,都是轻灵小巧的木结构建筑,或翘角飞檐,举翼欲飞;或精致玲珑,点缀一角。而且多置门窗,开敞通透,与周围的环境融为一体。

西方园林中的建筑物同外界几乎是互相隔绝的。这决定于西方严格的空间观念,同时在很大程度上决定于西方所常用的建筑形式——砖石建筑。砖石建材虽然牢固结实,但也略显笨重,不容易随物赋形,也难以放置自如,所以砖石建筑在园林中就显得比较突兀独立。

路德维希堡

四、原则不同

中国园林强调自然,一切模仿自然,尽量不露人工的痕迹,把人为因素融入自然形态中;西方园林突出人工,故意显示人的力量、意志和创造精神，表现人对自然的控制和改造。

中国园林讲究因地制宜，尽可能利用池塘、山体、湖石、树木等天然物体进行构筑；西方园林是白地建园，园中出现的任何物体都必须经过改造，天然形态尽量加以规整。

中国园林相对来讲显得小巧精致，崇尚含蓄，故意设置一些障景，或者构造几处别有洞天的空间，往往有"山重水复疑无路，柳暗花明又一村"的意境；西方园林常见的是规模宏大，气魄非凡，视野开阔，一览无余。

中国园林中的溪流、池塘多形态曲折，大小水湾相继连接，并与花木、建筑配合，造成变化不定的风景层次；西方园林中的河道直来直去，池塘或者湖泊也是矩形、圆形等规则的几何形状。例如，在法国凡尔赛宫苑内，宫殿的西部便是一条长1600米、宽120米的规整的大水渠。

中国园林中的水处理顺应了"水往低处流"的自然规律，自高而低，任其流动，随意赋形。西方园林则多设喷泉，偏偏强迫水要按照人的意志从低处向高处喷。

扬州瘦西湖

其实，西方园林与中国园林也有共通之处——从18世纪开始，中国园林对西方国家的园艺产生了良好的影响，而西方的造园方法也传进中国（圆明园中的"大水法"就是对西方园林的良好借鉴）。中西园林互异互补，相反相成，共同构成人类世界的美丽家园。

> **知识小百科**
>
> **中国古典园林对西方的影响**
>
> 　　中国古典园林是我们先辈留传下来的重要财富，它集中了中国世世代代园林名家的智慧，是通过千百年的艺术实践和经验积累而逐步完善的。明清两代，中国古典园林进入了成熟期，为英国、法国、意大利等西方园林专家学者所重视。如英国皇家建筑师勃朗在18世纪中叶所设计的斯笃乌公园，是第一个学习中国园林而建的所谓山水画式公园。另一位英国皇家建筑师詹伯兹在1750年至1759年曾来中国学习古典园林，并在邱地为康特公爵创建了一座中国式园林。

第三节 古典园林的起源与发展

中国古典园林是一个源远流长、博大精深的园林体系,有其独特的产生、发展、完善的过程,主要包括以下几个阶段:

一、商周时期——最初园林的产生、发展

我国造园最早始于商周,商纣王"益收狗马奇物,充仞宫室。益广沙丘苑台,多取野兽蜚鸟置其中"。周文王建灵囿,"方七十里"。最初的"囿",就是把自然景色优美的地方圈起来,放养禽兽,供帝王狩猎,也筑台便于远眺及宴游玩乐,所以也叫"游囿"。天子、诸侯都有囿,只是范围大小和规格等级上有所差别——"天子百里,诸侯四十"。

一般认为,台囿结合标志着中国古典园林的开始。在春秋战国时期,各诸侯国都竞相建造台囿,内容也更加丰富,造园技术也有所提高。如吴王夫差的姑苏台,开辟了水上游乐的内容,在造景方面增加了水的元素,丰富了园林景观。

亭台

二、秦汉时期——宫苑的发展

秦汉时期，国力富强，宫苑兴盛，多是以园林为主的帝王苑囿行宫，除布置园景供皇帝游憩，还有举行朝贺、处理朝政的政治功能。如秦代的阿房宫、汉代的建章宫和未央宫等就是典型代表。

秦汉宫苑规模巨大，园林建筑风格各异，其景观包罗万象，成为国家统一、国力富强的象征。此外，秦汉宫苑在古典园林史上具有开创性。如秦代阿房宫的宫殿群密布的格局和西汉太液池"一池三山"的形式为以后皇家园林的发展奠定了基础。而汉武帝所建的上林苑，虽然当时是由于游乐的需要，但为后世开创了动物园、植物园或博物馆的先例。

从西汉起，皇族及富人的私家园林开始出现，到东汉有所发展，著名的有梁孝王的梁园和富户平民袁广的汉园。

> ### 知识小百科
>
> **"一池三山"**
>
> "一池"指太液池。太液池实际上是一个人工湖,因池中筑有三仙山而著称。在我国古代神话传说中,东海里有蓬莱、方丈、瀛洲3座仙山,山上住着长生不老的神仙。封建帝王都梦想万寿无疆,因此,"一池三山"就成为历代皇家园林的传统格局。这种"一池三山"的布局对后世园林有深远影响,并成为皇家园林创作的一种固定模式。

三、魏晋南北朝时期——自然山水园林萌发

魏晋南北朝时期,社会动乱不安,思想文化艺术却十分活跃,这一时期是中国古典园林发展史上的一个重要转折阶段。

在以老庄哲学、玄学、佛家等思潮的影响下,特别是东晋顾恺之开创山水画法后,人们开始以建筑、山、水为物质基础,以绘画为蓝本来描摹自然,自然山水园林萌发并得到迅速发展。

这时的皇家园林在秦汉时期的基础上,又加入到城市的总体规划中,例如曹魏时期的铜雀台以及北魏都城洛阳的营造等,在

晋祠景观

晋祠景观

城市建设中都具有重要意义。私家园林在这一时期得到了极大发展，最著名的当数石崇的金谷园。

寺观园林在这一时期也得到空前发展，构成古典园林系列中的重要组成部分。正如唐朝诗人杜牧所云"南朝四百八十寺，多少楼台烟雨中"，可见这一时期寺观园林的盛行。

四、隋唐时期——写意山水园的发展

隋唐时期，古典园林随着当时经济和文化的进一步发展而达到全盛时期。这一时期的皇家园林不仅表现为外观规模宏大，而且内容非常丰富，如大内御苑——禁苑、行宫御苑——曲江池、离宫御苑——华清宫等。

西安临潼华清宫

此外，隋代的西苑中还出现了以建筑为中心，用十六院结合水道构成园中园的园林集群形式，这在园林史上是一种创新。

隋唐文化兴盛，诗歌绘画达到高峰，这在一定程度上极大地促进了私家园林和寺观园林的发展。古典园林艺术开始有意识地融合诗情、画意，"文人园"呈萌芽状态出现，代表是著名诗人、画家王维的"辋川别业"，共分20个景区，大都由王维亲自参与规划、整理并赋诗作画。园中有山、岭、岗、坞、湖、溪、泉、濑、滩及茂密的植被，总体上是以天然风景取胜，蕴含着浓郁的诗情画意。可以说，中国古典园林的诗画情趣从隋唐时期开始形成。

五、宋元时期——"文人园"的成熟期

宋代皇家园林趋于小型化、多样化，较之其他朝代，其皇家气派最少，

以改造地形、诗情画意的规划设计为主，代表作是北宋皇家园林"艮岳"。园中东半部以山为主，西半部以水为主，建筑物穿插其中，形成"左山右水"的格局。"艮岳"是一座山水、花木、建筑完美结合的人工自然园林，是古典写意自然园林的代表作。

北宋艮岳遗石

宋代大批士大夫、文人、画家广泛参与园林的营建，进一步加强了写意山水园的创作意境，因此这一时期被称为"文人园"的成熟时期。当时文人的审美观念崇尚清幽秀美、雅致、静逸，以"妙极自然"作为造园的中心思想。因此造景时多以表现自然的植物材料为主，园林建筑也是因景而作，宛若天然。这一时期的著名园林有沧浪亭、董氏东园、董氏西园等。

元代的万岁山、太液池是人工再现自然山水的典范，对后世皇家园林的发展具有深远的意义。

六、明清时期——古典园林的巅峰期

明清的宫苑都是艺术水平很高的山水宫苑，是我国古代造园发展的鼎盛时期，也是整个中国古典园林创作的总结。这一时期形成了南北园林艺术的融合杂糅和中西园林艺术的沟通交流。

皇家园林成功地融合南北造园风格及中西造园艺术于一体，有的形成"园中有园""大园套小园"的风格。如圆明园仿海宁安澜园造四宜书屋，颐和园效法无锡寄畅园造谐趣园。值得一提的是，圆明园中创建"西洋楼"景区，成为中国园林成功借鉴西方园林的典范。

私家园林直接受到当时社会文化的影响，多具诗情画意。在意境创作方面更近含蓄，多倾向于清新高雅的格调，私家园林逐步形成了南、北、岭南不同风格的园林派系。对后世影响巨大的园林有无锡寄畅园，苏州拙政园、留园，扬州个园等。

无锡寄畅园

此外，这一时期古典园林空间的创设及与此相关的手法、技巧也较前代有所升华，明末还产生了园林艺术创作的理论书籍《园冶》，系统总结了从审美观到园林意境创造的具体手法。

第四节 古典园林的分类

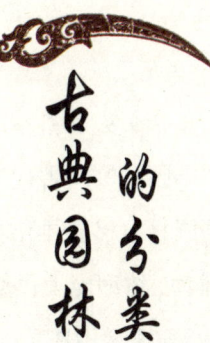

中国古典园林的分类,从不同角度看,可以有不同的分类方法。一般有三种分类法:

一、开发方式

1. 人工山水园

这类园林均修建在平坦地段上,尤以城镇内居多。人们出于方便亲近自然的需要,在城镇的建筑环境里创造模仿自然风光的小环境,因此也称之为"城市山林"。

2. 天然山水园

人工山水园

一般建在城镇近郊或远郊的山野风景地带,包括山水园、山地园和水景园等。

兴造天然山水园的关键在于选择基址,如果选址恰当,则能以少量的花费而获得远胜于人工山水园的天然真趣。

二、隶属关系

1. 皇家园林

皇家园林是专供帝王休息享乐的园林，属于皇帝个人和皇室所私有，古籍里称为"苑""苑囿""宫苑""御苑""御园"等。古代的帝王认为国家的山河都是属于皇家所有，所以其享用的园林自然要雄伟壮观，规模宏大。皇家园林真山真水较多，园内建筑气势雄浑，体型庞大，富丽堂皇。现存最著名的皇家园林有北京的颐和园、河北的承德避暑山庄。

2. 私家园林

私家园林是供皇家的宗室、王公、官吏、富商等休闲的园林，属于贵族、官僚所私有，也称"园""园亭""园墅""池馆""山池""山庄""别业""草堂"等。其特点是规模较小，所以常用假山假水，建筑小巧玲珑，风格淡雅素净。现存著名的私家园林有北京的恭王府花园，苏州的拙政园、留园，上海的豫园等。

3. 寺观园林

寺观园林是佛寺和道观的附属园林，也包括寺观内部庭院和外围地段的园林化环境，是寺庙建筑、宗教景物、人工山水和天然山水的综合体。寺观园林使朝山参拜进香与游览园林胜景结合起来，起到了以游览观光吸引香客的作用，不同于只供少数人独享其乐的皇家园林和私家园林。

此外，寺观园林的数量比皇家园林和私家园林的总和要多几百倍，广泛分布在名山胜地。著名的寺观园林在泰山、武当山、普陀山、五台山、九华山等宗教圣地分布最广。

鸿恩寺公园

三、地理位置

1. 北方类型

北方地域宽广，所以园林范围较大。因地处温带，气候寒冷，河川湖泊、园石和常绿树木都较少，园林植物多以松、柏、槐等为主。园林建筑规模宏大，富丽堂皇。北方园林的代表大多集中于北京、西安、洛阳、开封等地，其中尤以北京的皇家园林为代表，建筑色彩浓重，以红、黄为主色调，既显示出皇权的雍容富贵，又与宽阔整齐的地形、多蓝天白云的气候特点相辉映。

2. 江南类型

江南园林地处亚热带北缘，气候温暖湿润，园林植物以常绿树种樟、竹、桂等为主，还有落叶树种柳、桃、海棠等。江南园林大多集中于上海、南京、无锡、苏州、杭州、扬州等地，其中尤以苏州为代表。

江南私家园林规模较小，布局精巧，建筑色彩素淡，以黑、白为主色调，既符合园主追求闲适的心理需要，又与南方湿润多雨的气候特点融为一体。

3. 岭南类型

岭南园林地处亚热带，气候湿热，雨量充沛，园林植物以木棉、棕榈等为主，四季常绿，高大挺拔，五彩缤纷，具有南国情调。建筑物都较高而宽敞，建筑材料用青灰色砖瓦，显得阴凉清淡。代表有著名的广东顺德的清晖园、东莞的可园等。

除三大主题风格外，还有巴蜀园林、西域园林等各种形式。

岭南园林

知识小百科

岭南园林

　　岭南，即五岭以南，始称于唐贞观年间的岭南道。所谓五岭，即越城岭、都庞岭、萌渚岭、骑田岭和大庾岭，它们分布于湖南、江西的南部和广西、广东的北部，东西绵延1000多千米。

　　岭南园林是指以广州为中心，包括广东、广西、海南、福建西南和台湾等地的园林。岭南园林作为中国传统造园艺术的三大流派之一，在中国造园史上有着非常重要的意义，特别是在现代园林的创新和发展上，更有着举足轻重的作用。岭南园林遗存于世且较为完整的作品很少，著名的有广东四大名园，即番禺的余荫山房、顺德的清晖园、东莞的可园、佛山的梁园。

	规模	颜色	植被	气候	地位
北方园林	大	红、黄为主	松、柏、槐等	气候寒冷	高
江南园林	小	黑、白为主	樟、竹、桂等	温暖湿润	高
岭南园林	小	青、灰为主	木棉、棕榈等	气候湿热	低

第五节 古典园林的特色

一、模山范水

地形地貌、水文地质、乡土植物等自然资源是中国古典园林的主要取材。通过巧妙构思、精工细做,把这些材料组合成富有自然山水意境的景观,是古典园林的主要特色之一。古典园林强调"虽由人作,宛自天开",就是基于"源于自然而高于自然"的认识感受和"模山范水"的设计实践。

"模山范水"在造园艺术上包含两层内容。一是总体布局、组合要合乎自然,即山与水的关系以及假山中峰、涧、坡、洞等各种景象因素的组合,要符合自然界山水生成的客观规律。二是每个山水景象要素的形象组合要合乎自然规律。如假山峰峦是由许多小的石料拼叠合成,叠砌时要仿照天然岩石的纹脉,尽量减少人工拼叠的痕迹;水池常作自然曲折、高下起伏状;花木布置应是疏密相间,形态天然,而乔木、灌木也错杂相间,追求天然野趣。

山水布景

二、适宜人居

古典园林造景都非常注重"以人为本",追求理想的人居环境,营造清新宜人的小气候条件,如山水的布局、植物的种植、亭廊的构建等,都以光影、气流、温度等影响人体舒适性的因素为重要依据。

三、巧于因借

古典园林追求营造整体性园林景观,追求无限外延的空间视觉效果。在设计上不拘泥于庭院范围,而是通过巧妙的借景扩大空间视觉边界,使园林景观与外面的自然景观等相联系。此外,内部景观之间也能对照呼应、互为因借,使游人无论动观还是静观都能看到美丽的景致。

四、空间灵动

动静结合、虚实对比、曲折变化、承上启下、循序渐进、引人入胜、渐入佳境的空间组织手法是古典园林造园的常用手法。通过这些手法,园林整体常常被分隔成许多形状各异、尺度不同和个性有别的空间,而形成空间的各种要素又点缀其中,参差交错,互相掩映,使自然和人文景观完美交融,园内空间与自然空间融合而灵动,构成千变万化的丰富园景。

知识小百科

古典园林的构景手段

古典园林在造园构景中运用多种手段来表现自然,以求得渐入佳境、小中见大、步移景异的理想境界,进而取得自然、淡泊、恬静、含蓄的艺术效果。

1. 抑景

中国传统艺术历来讲究含蓄,所以园林造景也绝不会让人一走进门口就看到最好的景色,最好的景色往往藏在后面,这叫作"先藏后露""欲扬先抑""山重水复疑无路,柳暗花明又一村"。采取抑景的办法,才能使园林凸显艺术的魅力。如园林入口处常迎门挡以假山,这种处理叫作"山抑"。

2. 添景

当一处风景点在远方,或自然的山,或人文的塔,如没有其他景点在中间、近处做过渡,就显得虚空而没有层次;如果在中间、近处有乔木、花卉做中间、近处的过渡景,景色就显得有层次美,这中间的乔木和近处的花卉,便叫作"添景"。例如,当人们站在北京颐和园昆明湖南岸的垂柳下观赏万寿山远景时,万寿山因为有倒挂的柳丝作为装饰而生动起来。

3. 夹景

当一处风景点在远方,或自然的山,或人文的建筑(如塔、桥等),它们本身都很有审美价值,如果视线的两侧大而无当,就显得单调乏味;如果两侧用建筑物或树木花卉屏障起来,使这一处风景点更显得有诗情画意,这种构景手法即为夹景。例如,在颐和园后山的苏州河中划船,远方的苏州桥主景,被两岸起伏的土山和美丽的林带所夹峙,构成了明媚动人的景色。

4. 对景

在园林中,或登上亭、台、楼、阁,可观赏堂、山、桥、榭;或在堂、山、桥、榭等处,可观赏亭、台、楼、阁。这种从甲观赏点观赏乙观赏点,从乙观赏点观赏甲观赏点的方法(或构景方法),叫作"对景"。

5. 框景

园林中建筑的门、窗、洞或乔木树枝抱合成景框,往往把远处的山水美景或人文景观包含其中,这便是框景。

6. 漏景

园林的围墙上或走廊(单廊或复廊)一侧,或两侧的墙上,常常设以漏窗，或雕以带有民族特色的各种几何图形，或雕以民间喜闻乐见的葡萄、石榴、老梅、修竹等植物图案，或雕以鹿、鹤、兔等动物形态。透过漏窗的窗隙，可见园外或院外的美景。

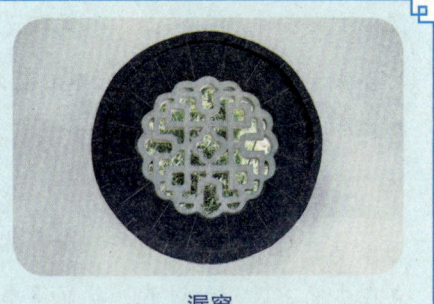

漏窗

漏窗的运用可使空间流通、视觉流畅，因而隔而不绝，在空间上起互相渗透的作用。在漏窗内看，玲珑剔透的花饰、丰富多彩的图案，具有浓厚的民族风味和美学价值；透过漏窗向外看，竹树花草迷离摇曳，亭台楼阁时隐时现，远空蓝天白云朵朵，造成幽深宽广的空间境界和意趣。

7. 借景

大至皇家园林，小至私家园林，空间都是有限的。在横向或纵向上让游人扩展视觉和联想，才可以小见大，而实现这一点最重要的办法便是借景。借景有远借、邻借、仰借、俯借、应时而借之分。借远方的山，叫"远借"；借邻近的大树叫"邻借"；借空中的飞鸟，叫"仰借"；借池塘中的鱼，叫"俯借"；借四季的花或其他自然景象，叫"应时而借"。

五、小中见大

"小中见大"是古典园林的一大特色，造园者抓住大自然中的各种美景的典型特征，提炼剪裁，将其一一再现在小小的庭院中，以有限的面积，造无限的空间；以缩微景致，现山水真趣。其实，"大"和"小"是相对的，关键在于营造大自然中特有的山水意境。

六、文化丰富

古典园林是古人生活起居和进行文化活动的重要场所，是古人表达追求超脱和与自然协调共生的思想的寄托。古典园林中常常通过楹联、匾额、刻石、书法等形式表达古代文化的厚重积淀和天人合一的深邃意境。走进古典园林，我们可以欣赏其中的建筑文化、山水文化和诗词艺术，感受浓郁的书香气息和古典文化底蕴。

假山庭园

第二章

古典园林的构成元素

众所周知,中国园林是以自然写意山水园的风格著称于世的。中国古典园林是由建筑、山水、花木组合而成的具有诗情画意的综合艺术品。它们以博大精深的艺术底蕴闻名于世,不仅涉及建筑、生物、文学等学科知识,还包含着丰富的哲学思想。叠山、理水、花木、建筑成为构成古典园林的基本元素。

第一节 叠山

我国的古典园林是一种创作自然、借景寓情的艺术，意境优美，充满了诗情画意。游览其中，既可以欣赏美景，感受大自然的独特魅力，又可以陶冶情操。

出于表现自然美景的需要，造园必须有山有石。古典园林中的山石，经过园艺家独具匠心的设计和巧妙的叠置，在咫尺空间中表现了名山大川的奇、幽、险、秀、雄的特点。此外，园林中的山石除兼备自然山石的形态外，还可以具有传情的作用。这些看似毫无生命的『顽劣』之物，却蕴含了人们的深厚情感。因此，假山、叠石就成为古典园林中的重要组成部分。

古典园林中的山石

一、堆山置石

园林中的山石是对自然山石的艺术摹写,因此又称为"假山",可以组成绝壁、峰、峦、谷、涧、洞、路、桥、平台等多种形式,形态万千,情趣盎然。

假山可分为仿真型、写意型、透漏型、实用型、盆景型五大类。仿真型要有真实的自然山型,山景如同真山一般,有峰、崖、岭、谷、洞等;写意型特意夸张山体的动势,寓意其中;透漏型是由许多穿眼嵌空的奇形怪石堆叠而成,如留园的冠云峰,兼太湖石"瘦""皱""透""漏"于一身,极具观赏价值;实用型如庭院山石门、山石屏风、山石墙、山石楼梯等;盆景型是布置大型山水的盆景,让人领略咫尺千里的山水意境。

苏州耦园东部黄石假山直削而下临于水池,横直石块大小相间,凸凹错杂,似与真山无异;上海豫园的假山重峦叠嶂,深涧幽壑,山上建凉亭,山脚临清池,山水俱全;苏州环秀山庄的假山两侧峭壁如悬崖,状如一线天,有峡谷的风貌,显得雄奇峭拔;扬州个园的假山,用湖石堆叠,以色彩形态区分四季,号称"四季假山";无锡寄畅园内的假山中用黄石叠砌而成的"八音涧",二泉细流在涧中宛转跌落,如八音齐奏;苏州拙政园中部池中两山,以土为主,自然隆起的山丘配以宽阔的池面、繁茂的花树、轻灵的亭桥,充分展示了江南水乡秀美的风貌。

扬州个园太湖石景观

苏州留园冠云峰

二、"蕴千年之秀"的太湖石

太湖石，盛产于太湖湖底，经历长期的物理、化学、生物作用而形成。颜色以灰白色居多，形状各异。古典园林中多以玲珑剔透的太湖石来堆山布景，有的连峰起伏，有的孤峰兀立，构成了一幅幅美丽的图画。

知识小百科

"假山王国"

苏州狮子林园内假山山势起伏，重峦叠嶂，曲折幽深，峰回路转，有"含晖""吐月""玄玉""昂霄"等12座石峰，其中以狮子峰最为高昂雄伟。这些假山全部用太湖石叠筑，从外面看气势雄伟，峰峦起伏，俨然是一座大山莽岭，内部却是处处石洞，高下盘旋，连绵相通，构成上、中、下3层，共有山洞21个，曲径9条，因此狮子林素有"假山王国"的美称。

这些姿态多样的石峰，竟然全像狮子的模样：蹲着的、躺着的、挺立着的、匍匐着的、歪头憨笑的、昂首怒吼的，还有抱着绣球玩弄的……群狮成林，千姿百态，形态逼真，"狮子林"也是由此得名。

宋代大书法家米芾曾经把太湖石的优点概括为"瘦""皱""漏""透"4个字。"瘦"是对石的总体形象的审美要求，指山石体态苗条峻峭，具有骨力之美。它好似亭亭玉立的淑女，又似清高自恃的君子。符合"瘦"这一标准的名石有很多，如苏州著名的"留园三峰"——冠云峰、瑞云峰、岫云峰，无不具有这一清秀挺拔的特征。冠云峰纤细而孤高，瑞云峰瘦而多大孔，岫云峰瘦而多小孔。"皱"，指山石表现凹凸褶皱，波纹起伏，姿态万千，节奏鲜明。"漏"，指涡洞相套，上下贯穿，八面玲珑。"透"，指纹理纵横，石穴贯通，剔透空灵。正因为具备这些特征，太湖石一向有"蕴千年之秀"的称誉。

知识小百科

假山材料面面观

1. 湖石

因原产于太湖一带而得名，是经过溶蚀的石灰岩，在我国分布很广，可分为以下几种：

（1）太湖石。真正的太湖石产自太湖中的洞庭西山，纹理纵横，脉络起伏，玲珑剔透，蔚为奇观，观赏价值比较高。

（2）房山石。产于北京房山佛子庄乡一带山上，是花岗岩，外观比较沉实、浑厚、雄壮。

（3）英石。常见于岭南园林，淡青灰色，质坚而脆，用手指弹扣有较响的共鸣声。

（4）灵璧石。原产安徽省灵璧县，呈灰黑色而甚为清润，质地坚脆，石面纹理丰富，石形千变万化。

2. 黄石

黄石是一种带橙黄颜色的细砂石，产自江苏苏州、常州、镇江等地。该石形体顽夯，见棱见角，雄浑沉实，具有不错的光影效果。

3. 青石

青石是一种青灰色的细砂岩，产自北京西郊房山一带。青石的节理面有交叉互织的斜纹，多呈片状，又称为"青云片"。

4. 石笋

石笋是外形修长如竹笋的一类山石的总称。常见的石笋又可分为以下几种：

（1）白果笋。在青灰色的细砂岩中沉积了一些卵石，好像银杏所产的白果嵌在石中，因此得名。

（2）乌炭笋。乌炭笋是一种乌黑色的石笋，比煤炭的颜色稍浅而无光泽。

（3）慧剑。慧剑是一种呈青灰色或灰青色的石笋。

（4）钟乳石笋。将石灰岩经溶融形成的钟乳石倒置，或将石笋正放以点缀景色。

三、江南三大名石

"江南园林甲天下"，江南园林中的奇石更是天下闻名，其中要数上海的玉玲珑、苏州的瑞云峰、杭州的绉云峰为最佳，被称为"江南三大名石"。

1. 石中奇宝玉玲珑

江南三大名石中，若论玲珑剔透，当数上海豫园的玉玲珑。明代著名文学家王世贞曾经赋诗称赞：

压尽千峰耸碧空，佳名谁并玉玲珑。

梵音阁下眠三日，要看缭天吐白虹。

玉玲珑是豫园的镇园之宝，耸立在豫园东部的玉华堂前，姿态婀娜，巧若玲珑，美如璞玉。玉玲珑高约 3 米，宽约 1.5 米，厚约 0.8 米，重约 3 吨，具有太湖石的"瘦""皱""漏""透"之美。石上原刻有"玉华"

上海豫园玉玲珑

两字，寓意为石中精华，因此也称"玉华峰"。石前有一泓清池，倒映出石峰的倩影。这块名石上下布满洞孔，孔孔相连。如果在玉玲珑的下端孔洞里焚起一炉青香，那么玉玲珑的上端每一个孔洞里便会透发出缕缕青烟。如果在玉玲珑的顶端倾倒一盆清水，下端各个孔洞就会流泻出朵朵水花，真是蔚为奇观。

传说玉玲珑是宋代花石纲的遗物。据记载，宋徽宗赵佶为在京都汴梁造皇家花园"艮岳"，从全国各地搜罗名花奇石，号称"花石纲"。其中有的奇峰因故未被运走而留在江南，称作"艮岳遗石"，而玉玲珑就是其中之一，可谓弥足珍贵。

知识小百科

玉玲珑搬家

在上海豫园的玉玲珑是闻名于世的石中奇宝，其实它原是上海浦东三林塘"南园"的镇园之宝。

南园是明代储昱为安度晚年而修筑的私家花园。储昱与豫园主人潘恩是同朝好友，储昱将三女儿嫁给了潘恩的二儿子潘允亮为妻。储昱没有子嗣，去世后，潘允亮便继承了岳父的遗产，同时也将南园中的玉玲珑搬到自家的豫园去。

上海城与浦东三林塘相距约15千米路程，途中还有宽阔的黄浦江相隔，陆路又都是泥土筑成，所以要搬玉玲珑不仅费用巨大，而且困难重重。但是潘允亮决心已下，毫不动摇。经过充分的准备，潘允亮雇人小心翼翼地扛石装船，经过弯弯曲曲的三林塘江，进入黄浦江转弯朝北航行。可是当船进入龙华湾时，刮来一阵狂风，江面卷起三尺浪头，运石船顿时失去平衡，致使玉玲珑沉入江中。船工马上下水打捞，可是风高浪急，难以摸清玉玲珑在江中的踪影。

等到日后风平浪静时，船工才在江底摸寻到玉玲珑，系上绳子正欲起吊时，发现玉玲珑旁边躺着一块凹凸不平的大石头，于是干脆"顺手牵羊"，将它也打捞了上来。结果发现这块石头正好可作为玉玲珑的底座。

当时，潘允亮原计划是将玉玲珑从上海城的南门运进城的，可是这条路曲折难行，潘允亮担心再有波折，便凭借着自己家的权势在城墙上打开了个豁口，另修了一道城门，就近进城。这也就成了上海城有了个小南门的来历。

2. "妍巧甲于江南"的瑞云峰

瑞云峰原为明代徐泰时私家花园东园（即留园前身）的著名石峰，在清代乾隆四十四年（1779年）被织造太监从留园迁至当年乾隆南巡的行宫——织造署西花园（今苏州第十中学）。此峰高且大，秀而润，涡洞相套，褶皱相叠。瑞云峰高6.23米，宽约2米，厚1.3米，石形好像半月。它矗立在园内的水池中央，峰石巍峨，剔透玲珑，具有太湖石"瘦""皱""漏""透"等特点，以柔美见长，被誉为"妍巧甲于江南"。

传说此峰也是北宋"花石纲"的遗物。当时地方官员为宋徽宗营造御苑"艮岳"提供奇花异石，征用民役在洞庭西山搜集奇石，得到巨型太湖石峰两座，分别叫"大谢姑""小谢姑"。其中"小谢姑'在启运时沉入太湖。打捞后，还没来得及北运，金兵就已攻占汴梁，于是将其弃之荒野。嘉靖年间，该石被乌程富豪董氏所得，其女婿徐泰时非常喜爱石头，后来就将此石运到苏州的自家花园。谁料中途石峰再次沉入太湖，徐泰时广募渔民役夫，终于将石捞起，运回苏州，置于东园，改名"瑞云峰"。

3. "一波三折"的绉云峰

绉云峰坐落在杭州竹素园，它并不是太湖石，而是出自广东英德的英石峰。绉云峰高 2.6 米，色泽青黑，削瘦峭立，风骨毕现。整座石峰气势直起，但姿态曲折，"一波三折"，在刚健中又透出了妩媚。绉云峰虽高，但中腰最窄处只有 0.4 米宽，融挺拔与灵秀于一身。石峰的表面布满了"皱纹"，如同刀劈斧削。如果站远些，就会更清楚地看见这些石皱的纹理，它们是平行的，斜斜地上倾，在曲折而上的石峰表面，宛如波光水影，层层而起，别有意境。

绉云峰

知识小百科

绉云峰的故事

明末清初广东提督吴六奇早年家境贫寒，曾一度流浪到苏浙一带。这时，浙江海宁绅士查伊璜看出吴六奇志向不凡，收留了他，还不时与他一起纵论天下大事。在查伊璜的资助下，吴六奇又回到广东投军。

后来，吴六奇当上了广东水师提督，便邀请恩人查伊璜来广东做客。查伊璜对吴宅花园里那块耸立云天的英石非常喜爱，并在石头右下方题"绉云"两字。甚至当查伊璜要回浙江时，还3次回头望着那块"绉云峰"。

吴六奇见查伊璜如此钟爱此石，没等查伊璜回到家，就派一队水师日夜兼程将绉云峰从广东运到浙江海宁，安置在查伊璜的私家花园中。几天之后，查伊璜到家了，发现自家院中新立的石头怎么那么眼熟，仔细观看后，才发现这正是绉云峰啊！

第二节 理水

水是人类心灵的向往,在古典园林中,水和山同样重要。因此,理水是我国古典园林设计中的重要主题。在古典园林中,有池如镜,有瀑如帘,理水方式也巧妙多变,与山的稳重恰成鲜明的对比和映衬,所以有『山得水而活,水得山而媚』之说。

一、如诗如画的水环境

具有悠久历史的中国古典园林,其园林理水有着丰富的文化内涵和独特的构思手法,所塑造的如诗如画的水环境,让世人叹为观止。

1. 水型美

我国古代造园专家十分注重水型、岸畔的设计,所谓"水随器而成其形",往往会利用水面的开合变化,形成不同水体形态的对比与交融。例如,南京瞻园北端水面狭小,但与假山相伴,深邃而有山林之趣;中部水面开阔宁静,有小巧的亭台点缀;南端的水面曲折多变,设

南京瞻园

有高大的水榭。3个水域通过狭长的溪水相连，池岸形态丰富，有亭台水榭、贴水石矶、亲水草坡、夹涧石谷等多种变化。同时，在水面转折处还设有小桥，增加了景物的层次感和进深感，形成"咫尺山林"的景观效果。

2. 水声美

我国古典园林的理水手法还擅长利用水体营造声景。如泉水滴入池潭，好像"蝉噪林逾静，鸟鸣山更幽"一样，让人感到无比清幽寂静。在古典园林的水景中，有很多利用水声成景的例子，如圆明园的"夹镜鸣琴"、无锡寄畅园的八音涧、避暑山庄的"风泉清听"等。还有借助水声所造成的听觉变化，赋予建筑诗的意境。如苏州拙政园的留听阁，取意于"留得残荷听雨声"，而听雨轩则取意于"雨打芭蕉"，点明了水声之美，充分发挥了水综合视听的功能。

3. 动静美

中国的古典园林理水有动态和静态之分。古典园林中的动水，主要是指溪流及泉水、瀑布等，既呈现出水流的动态之美，又以水声增强了园林的生气。如济南的趵突泉，古人称赞道："喷为大小珠，

济南趵突泉

散作空蒙雨。"有的园林利用水源与水面的高差，形成瀑布景。还有的园林在高处蓄水，形成人工瀑布与叠水，通过水的"喷、涌、注、流、滴"等一系列动态特征，塑造出生动的园林环境。而古典园林中的静水，取"自然"之意，想要塑造出湖、池、溪、瀑、泉等多种形式的水体。水平如镜的水面倒映出周围的湖光山色，呈现出扑朔迷离的美。

> **知识小百科**
>
> **"夹镜鸣琴"**
>
> "夹镜鸣琴"是圆明园40景之一,位于福海南岸,是依照李白的诗句"两水夹明镜,双桥落彩虹"的意境建造的。主景是一座横跨水上的重檐四坡攒尖顶桥亭,构成了福海南岸西段的风景特效。所谓"夹镜",是因为这里北面福海的广大水面,南邻内港,而且二者之间以圆形拱洞的桥亭飞跨,结合水面倒影,正像一面圆形的镜子;所谓"鸣琴",是指东边山崖上有流泉跌落,冲激乱石,发出鸣琴般的声音。无论是拾级登上桥亭,或策舟穿过桥洞,桥上桥下都可以领略设计者的匠心所在:一边是福海,平阔开展,范围广大;一边是港湾,回转曲折,面积狭小。两者对比使得气氛迥异,形成审美感觉上的落差。

4. 映射美

画坛中有"画水不画水"的说法,意思是画水应该靠周围景物的倒影为其增色。同样,古代造园专家也擅长运用水的倒影效果将云霞、树木、亭台、山石以借景的手法引入其中,使园景变得宽广而深远。

园林利用水映射成景的手法多样:"波光粼粼"映射出光的存在;"赤鱼戏水"映射出水中景物;"碧波荡漾"映射出水面的颜色;"潺潺流水"映射出地形的起伏;"风乍起,吹皱一池春水"映射出风的存在;"残雪暗随冰笋滴,新春偷向柳梢归"所描述的冰雪场景则映射出季节的变化。

二、收放自如的理水造景

中国古典园林理水讲究来龙去脉,从布局上看可分为集中与分散两种形式。

1. 集中用水

集中而静的水面能使人感到开朗宁静,因此,对于中小型庭院,多采用集中用水的方法。整个园林以水池为中心，沿水池四周环列建筑，从而形成一种向心和内聚的格局。采用这种布局形式可以在有限的空间里营造出开朗的感觉。例如网师园，水池就位于中央，与周围所留地面均较适当，既阔达宁静，又有山石、植物与之呼应陪衬。大面积集中用水多出现在皇家园林，比如中南海、颐和园的昆明湖以及圆明园中的福海。

颐和园昆明湖风光

圆明园中的福海，水面浩瀚开阔，碧波荡漾，四周佳景遍布，群峰倒影，上下辉映。环列周围的10个不同形式的洲岛，将漫长的岸线分为大小不等的10个段落。"方壶胜境""平湖秋月""澡身浴德"等，与福海隔而不断，若即若离，互为因借，形成开朗与幽深的对比。

2. 分散用水

分散用水是用化整为零的方法，把水面分割成互相连通的若干小块，伴随着水的流动，带给人一种隐约迷离和不可穷尽的感觉。

分散用水还可以随水面的变化而形成若干中心。水面开阔的地方，可以借助亭台楼阁或山石的配置而形成相对独立的空间环境；水面相对狭窄的溪流则起到沟通连接的作用。这样，各空间环境既自成一体，又相互连通。例如，苏州的拙政园、南京的瞻园、北京北海的静心斋，都巧妙地利用了分散用水的方法。

苏州拙政园风光

如南京的瞻园，以3块较小而又互相连通的水面代替集中的大水面。第一个水面最曲折而富有变化，第二个水面较开朗宁静，第三个水面虽小但极为幽深。这样，各个空间环境烘托出水陆萦回的水乡气氛，给人无穷无尽的审美遐想。

知识小百科

福海的由来

福海位于圆明三园的中心地带，以辽阔开朗取胜。福海在雍正朝命名之前俗称"东池"或"东湖"，经雍正即位后的进一步开拓才有了后来的规模。明明是湖，却被命名为"海"，这是为什么呢？福海得名，与中国古代家喻户晓的传说有关。

相传，东海中有三座神山，山上有仙人居住，还有长生不老药。秦始皇曾派徐福率童男童女数千人，入海寻仙境、求仙药。福海的命名正是取"徐福海中求"的寓意，以求皇帝长生不老、万寿无疆。

三、构思巧妙的理水技法

"山贵有脉，水贵有源"，只有脉源贯通，才能使全园气韵生动。我国古典园林的理水技法巧妙多思，让人流连忘返。

1. 分聚相宜

水分而见其层次，会让人游览之余回味无穷，又毫无倦意。另外，水聚也不会令人感觉到窄小，反而会使人把景物尽收眼底。一般来说，大水面宜分，小水面宜聚。因此，北京的颐和园有东堤、西堤之分，而苏州的网师园则有小桥、石矶之聚。

苏州网师园风光

园林理水，妙在分聚相宜。比如，浙江海盐的绮园，其山水景观盘旋而下，水流时分时聚，显隐过渡极为巧妙，以致众人游园完毕，竟不知水从何处而来。绮园充分印证了"水随山转，山因水活"的叠山理水之法，有"浙中第一名园"的称号。

2. 借源造景

明代计成在《园冶·相地》中说："卜筑贵从水面，立基先究源头，疏源之去由，察水之来历。"由此可见水源的重要性。古典园林在选址时就会注意到活水资源的问题，而承德避暑山庄和圆明园正因为有很充足的水源，所以才能建造出众多的湖泊、溪流景观。

俗话说，"巧妇难为无米之炊"。无源之水难以生动，也缺少变化和生命力。如果园内确无水景，也可以凿池堆山，改造地形，或借园外之水景。苏州的沧浪亭即是借园外水景的佳例。透过沧浪亭廊壁的漏窗花格，由内向外，可借看园外水景、驳岸、岸柳，可谓匠心独运，让游人"不出城郭而获山水之怡，身居闹市而得林泉之趣"。

四、古代园林理水之法

1. 掩

以建筑和绿化，将曲折的池岸加以掩映。临水建筑为了突出建筑的地位，除主要厅堂前的平台外，不论亭、廊、阁、榭，皆前部架空挑出水上，水犹似自其下流出，用以打破岸边的视线局限；或临水遍植蒲苇、杂木迷离，造成池水无边的视角印象。

2. 隔

或筑堤横断于水面，或隔水筑廊，或架曲折的石板小桥，或涉水点以步石，正如计成在《园冶》中所说，"疏水若为无尽，断处通桥"。如此则可增加景深和空间层次，使水面有幽深之感。

3. 破

水面很小时，如曲溪绝涧、清泉小池，可用乱石为岸，怪石纵横若犬牙交错，并植配以细竹野藤、朱鱼翠藻，这样虽是一洼水池，也能蕴含深邃山野风致的审美感觉。

假山池沼

第三节 花木

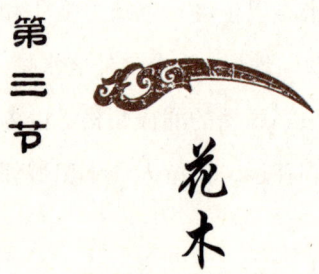

中国古典园林作为自然山水园,常师法自然,想要达到"咫尺山林"的意境。因此,植物对于造园是不可缺少的。花木不但丰富了园林景观的空间层次,还可以提升园林的文化品位,深含寓意,颇具匠心。

一、象征寓意

古典园林的花木配置十分重视植物自身的文化内涵,因为这既能反映园主人的人格魅力,又可以抒发某种意境和情趣。花草树木有悦目的色彩、清香的气息和多姿的形态,这一切都从视觉、嗅觉、听觉和触觉上,给人以诗情画意的享受。

在我国的传统文化中,许多植物被认为是高尚品质和高洁情操的象征:如竹子象征人品清逸和气节高尚,松柏象征坚强和长寿,莲花象征洁净无瑕,兰花象征隐逸幽雅,玉兰、牡丹、桂花象征荣华富贵,石榴象征多子多孙,紫薇象征高官厚禄等……这些植物配置构成了古典园林的独特寓意。

苏州留园的"闻木樨香轩",苏州拙政园的"远香益清"(远香堂),承德避暑山庄的"香远益清""冷香亭""观莲所"等景观,主要是借桂花、荷花的香气来抒发某种感情。春日的玉兰、夏日的荷花、秋天的桂花、

苏州留园风光

冬日的蜡梅等，这些能够反映出季节和时令变化的植物，在古典园林中都能转化为某种意境而深深感染着游人。

知识小百科

植物的寓意

每种植物除了具有一定的生态学和生物学特性，还具有一定的观赏特性。植物的色、香、姿、声、光成为观赏特性极为丰富的内容，这种例子在古典园林中屡见不鲜。

荷花的"出污泥而不染，濯清涟而不妖"，被认为是脱离庸俗而具有理想的象征。竹被认为是刚直不阿、有气节的君子。另外，松柏寓意苍劲，翠竹寓意潇洒，海棠寓意娇艳，杨柳寓意妖娆，芭蕉寓意洒脱，芍药寓意荣华，牡丹寓意华贵，莲荷寓意吉祥如意，兰花寓意幽雅，秋菊寓意傲霜，都在古典园林中用来造景，以满足不同景观的要求。

二、四季变换

"二十四番风信咸宜,三百六十日花开竞放"。按照植物的季相演替和不同花期的特点创造园林时序景观,是古典园林植物配置的一大特点。春来桃红柳绿,夏日荷蒲熏风,秋景桂香四溢,冬日踏雪赏梅,都是直接利用树木花卉的生长规律来造景。如果配置得好,不论什么季节、什么地方,都能够获得一幅幅天然的图画。就连最常见的落叶树种,春发新叶嫩绿,夏披浓荫墨绿,秋叶萧萧飘落,冬季则有枯木寒林的画意,也能表现出四季美景的变换。

对花木的选择标准,一讲姿美,树冠的形态、树枝的疏密曲直、树皮的质感、树叶的形状,都追求自然优美;二讲色美,树叶、树干、花都要求有各种自然的色彩美,如红色的枫叶,青翠的竹叶,白色的玉兰,紫色的紫薇等;三讲味香,要求自然淡雅和清幽,最好四季常有绿,月月有花香,其中尤以蜡梅最为淡雅、兰花最为清幽。

在北方的皇家园林中,由于植物生长季节较短,在漫长的冬季中,草木凋零,即便多植常绿树种,色彩也较单一。所以北方园林斑斓的色彩多是借助油漆、彩画,通过对建筑的装修而表现出来的,但也不乏对植物配

承德避暑山庄风光

置上的讲究。

比如承德避暑山庄著名的72景，以树木花草为主题的园景就占了1/4。在植物的配置上，基调鲜明，主题突出，意境深远，野趣天成。承德避暑山庄以松柏等树为骨干树种，统领全园，保持四季常青的景色，取得了和谐统一的效果。江南私家园林则不同，有着优越的自然条件、较长的植物生长期和较多的植物品种，可以满足园林设计色彩的需求，显示出季相变化。

三、栽植有法

古典园林中的植物一律采取自然式种植，与园林风格保持一致。所谓自然式，是指它们的种植不用行列式，不用规范化。以植物的栽植方式来分析有孤植和丛植两种。

环秀山庄的孤松

1. 孤植

孤植是古典园林中采用较多的一种形式，它能充分发挥单株花木色、香、姿的特点，并常作为庭院观赏的主题。在庭院角隅和廊的转角、入口等处零星点缀布置植物，与假山池塘等配合，形成园林小景。如拙政园"玉兰堂"的白玉兰，网师园"小山丛桂轩"西侧的蓑衣槭等。

有的园林还利用树干的盘曲、树冠的扶疏，将其孤植于山崖，借此衬托绝壁的险峻。如环秀山庄假山上的紫薇和狮子林石山上的古圆柏。或者种植在池畔，以增加水面的倒影。如网师园池畔的黑松。

2. 丛植

古典园林中的丛植有两种情况。

其一，用一种观赏价值较高的树种植成林，发挥和强调某种花木的自然特性，以体现群体美。如在怡园"听松涛处"植松，苍翠挺拔；在留园"闻木樨香轩"前种植桂花，入秋芳香四溢；沧浪亭假山边的箬竹满坡，苍翠欲滴；怡园"锄月轩"前的牡丹成片，五彩缤纷。这些植物或以观赏取胜，或以芳香见长，或色、香、姿三者俱全，从而形成园中引人入胜的景色。

其二，用数种花木成丛栽植。这种配置方式一般规模较大，常与建筑、山、水、石等密切配合。成丛栽植的植物，或以粉墙作底，犹如在一张白纸上作图绘画，富于诗情画意；或与山石配合，形成观赏景致；或将植物栽于竹丛、灌木之上，似有野致幽深之感。

知识小百科

花木为名的园林建筑

古典园林中建筑较多，造型各异，以欣赏花木为主题的建筑更多，因此很多建筑都以植物命名。这种因植物取名的好处，在于使植物与建筑情景交融，起到画龙点睛的作用，使园林活色生香。

如赏荷花的有拙政园的"远香堂"和"香洲"、怡园的"藕香榭"、圆明园的"曲院风荷"、承德避暑山庄的"曲水荷香"；赏梅的有拙政园的"雪香云蔚亭"和狮子林的"问梅阁"；赏桂花的有沧浪亭的"清香馆"、留园的"闻木樨香轩"、网师园的"小山丛桂轩"、扬州个园的"桂花厅"；赏松柏的有狮子林的"指柏轩"、网师园的"看松读画轩"、承德避暑山庄的"万壑松风"和"松鹤清樾"等；赏牡丹的有怡园的"湛露堂"；赏玉兰的有拙政园的"玉兰堂"；赏海棠的有拙政园的"海棠春坞"；赏枇杷的有拙政园的"枇杷园"；赏杏花的有圆明园的"杏花春馆"。

第四节 建筑

园林建筑作为中国古典园林的一个重要组成部分，对园林景象空间的影响很大。园林中也因为有了精巧、典雅的园林建筑而显得更加优美典雅，更适合人们游玩、观赏。园林建筑布置得好坏，直接影响造园的成功与否，同时园林建筑的多少、大小、式样、色彩等，对园林风格有很大影响。

一、形式多样

古典园林中的建筑有十分重要的作用，它既可以满足人们居住生活的享受，又能实现人们观赏风景的愿望。因此，古典园林的建筑一方面要可行、可观、可居、可游，另一方面则起着点景、隔景的作用，使园林移步换景，渐入佳境，以小见大，又使园林显得自然淡泊，恬静含蓄。出于这些或审美或实用的需要，古典园林中的

故宫护城河角楼

建筑也是形式多样，有厅、堂、楼、阁、馆、轩、斋、榭、舫、亭、廊、桥、墙等，赋予园林以无限的变化。

1. 厅

厅是满足会客、宴请、观赏花木或欣赏小型表演的建筑，它在古代园林宅第中发挥公共建筑的功能。厅不仅要求较大的空间，以便容纳众多的宾客，还要求门窗装饰考究，建筑总体造型典雅、端庄，厅前广植花木，叠石为山。一般的厅都是前后开窗设门，但也有四面开门窗的四面厅。

2. 堂

堂是居住建筑中对正房的称呼，一般是一家之长的居住地，也可作为家庭举行庆典的场所。堂多位于园林的中心位置，体型严整，装修瑰丽，室内常用隔扇、落地罩、博古架进行空间分割。

3. 楼

楼是两层以上的屋，故有"重层曰楼"之说。楼的位置大多位于厅堂之后，在园林中一般用作卧室、书房或用来观赏风景。高高的层楼也常常成为园中的一景，尤其在临水背山的情况下更是如此。

4. 阁

阁与楼近似，但较小巧。平面为方形或多边形，多为两层的建筑，四面开窗。一般用来藏书、观景，也用来供奉巨型佛像。

5. 榭

榭多借周围景色构成，一般都是在水边筑设平台，平台周围有矮栏杆，屋顶通常用卷棚歇山式，檐角低平，显得十分简洁大方。榭的功用以观赏为主，又可作休息的场所。

6. 舫

园林建筑中舫的概念，是从画舫演变而来的。作为建筑的舫不能移动，只供人游赏、饮宴及观景、点景。舫与船的构造相似，分头、中、尾3部分。船头有眺台，作赏景之用；中间是下沉式，两侧有长窗，供休息和宴客之用；尾部有楼梯，分作两层，下实上虚。

颐和园舫风光

知识小百科

"旱园水做"趣无穷

扬州的魏氏园借助船的形态营造水景,园内建有石舫一座,石船瓦顶,船舱雕嵌透风花格,舱内陈设古色古香。石舫附近植有花草树木。远看石舫,似舟泊烟渚;入舱闲坐,如身在湖中。

在兴化市昭阳镇有个李园,园仅半亩,却建有一艘硕大的画舫,人称"沧浪画舫"。此舫砖木结构,雕梁画栋,制作精良。船侧有砖砌的踏板,船头有石制缆柱,每一细节皆模仿实物。船四周青砖铺地,寓意清流碧水。船头前方,有石砌的码头和砖砌的水波形花台。这水波形的花台最令人叫绝,它能使人在视觉上产生船在前行、波浪在动的错觉。

俗话说"园无水不活",可是有时在造园时无法筑池引渠,运用建造石舫、"旱园水做"的办法,能够弥补无水的缺陷,而且别有一番情趣。

7. 廊

廊是一种"虚"的建筑形式，由两排列柱顶着一个不太厚实的屋顶，其作用是把园内各单体建筑连在一起，起到连贯交通的作用。廊是园林的脉络，在园林建筑中处于极其重要的地位。

回廊

廊按位置可分为沿墙走廊、爬山廊、水廊、回廊、楼廊等；按形式又可分为曲廊、波形廊、复廊。苏州三大名廊分别是留园的曲廊、拙政园的水廊和沧浪亭的复廊。其中留园的曲廊贯穿全园，依势曲折，长达六七百米，高低逶迤，墙直廊曲，明暗相间，有的地方贴近墙面，有的地方又有间隙，巧妙地运用对比的方法，使廊显得更加活泼。

8. 亭

亭体积小巧，造型别致，可建于园林的任何地方，其主要用途是供人休息、避雨。亭子的结构简单，其柱间通透开辟，柱身下设半墙。从亭的平面来看，可分为正多边形亭、长方形和近长方形亭、圆亭和近圆亭、组合式亭等，而从立体构形来说，又可分为单檐、重檐和三重檐类型。

亭是园林与风景名胜最常见的建筑，它不仅可以供人休息，还可以起到点缀景致的作用。亭子大小不一，形式各异，有时给人以美的享受与无限的遐想。我们来看以下几种亭子：

（1）半亭。半亭在苏州"半园"内。半园占地仅一亩半，园中诸景都以"半"为特色。半亭，顾名思义，只有一个亭子的一半，是将一个方形亭子"切"去一半，变成一个残缺的矩形亭子，再将它镶建于一个直角墙角内，从而成为一个真正的"半亭"，可谓设计独特，匠心独运。

（2）一柱亭。一柱亭在内蒙古自治区扎兰屯的吊桥公园内，建于清末。

亭顶仅以一根柱子支撑。整个亭子犹如一把打开的阳伞，显得亭亭玉立，婀娜绰约。

（3）缺角亭。缺角亭在上海市南翔镇古猗园内，方形，建于1933年，由该镇爱国人士募捐建造而成。该亭的东北方向缺少一角，其余三角呈握拳状，寓意当时我国的东北三省被日寇侵占，让人们铭记这一国耻，坚定恢复国土的决心。

（4）景真八角亭。它位于云南西双版纳的景真山上，是为了纪念佛祖释迦牟尼，而仿照他的帽子建造的。亭子呈八角形，砖木结构，东南西北各开一门，南门设台阶供游人上下。亭子的8个角的屋檐从下而上共有10层，像80个尖顶层层向上缩小，直至亭顶似鱼鳞叠盖，排列有序，十分美观。80个屋檐边沿悬有无数铜铃，微风吹来，铃声叮当悦耳。

玲珑亭

9. 塔

塔本来是重要的佛教建筑，随着佛教传入中国，而塔也被造园者运用到园林的规划之中，往往是构图中心和借景对象，地位十分重要。

10. 桥

俗话说，"有园必有桥，无桥不成园"。古典园林中的桥，凌波而起，蜿蜒曲折，可以将人从此岸引到彼岸，再借以对景的虚实相映，桥影相合，更是对意境的又一次烘托。

桥在园林中不仅供交通运输之用，还有点饰环境和借景障景的作用，丰富了园中景致，增添了自然情趣，陪衬了亭台楼阁。园林中常见的桥有梁式石桥、直桥、九曲桥、五曲桥和小型环洞桥等。

上海韩湘水博园

知识小百科

网师园的"三步桥"

小巧玲珑的引静桥，被人称作古桥中的"小家碧玉"，它位于网师园内，是苏州最小的石拱桥，长2.4米，宽1米，三步而逾，因此又被称为"三步桥"。引静桥呈弓形，石栏、石级、拱洞一应俱全。它

> 的造型优美，侧立而为柔婉的弧形，小小的，曲曲的，妩媚可爱。桥面两侧均有石栏，石栏两端刻有依次递减而连接的3个半圆形，匀称自然。桥面正中则刻以圆花形浅浮雕纹饰，避免了平板单调。

11. 墙

墙的主要功能是分隔空间，对景物起衬托与遮掩的作用，借远近之景，引通幽之意。古典园林的墙，按材料和构造可分为版筑墙、乱石墙、磨砖墙、白粉墙等。分隔院落空间多用白粉墙，墙头配以青瓦。用白粉墙衬托山石、花卉，犹如在白纸上绘制山水花卉，意境颇佳。

墙的设置多与地形结合，平坦的地形多建成平墙，坡地和山地则就势建成阶梯状。为了避免单调，有的还建成波浪形的云墙。

划分内外范围的园墙内侧常用土山、花台、山石、树丛、游廊等把墙隐藏起来，使有限的空间产生无限的景观。精巧的园墙还可以装饰园景，园墙上还设有漏窗、洞门、空窗等，形成虚实对比和明暗对比的效果，并使园内景观错落有致、相互映衬。

12. 路

路是园林的骨架，它形成一定的游览路线，并串联起各个景点，使整个园成为一个统一的有机整体。路随园林内地形环境而弯曲起伏，融于自然景色，好像乐曲中的转折音，韵味悠长却又豁然开朗。另外，石阶、磴道等有高低落差的园路，也起到引导的作用。

苏州园林

二、奇思妙想

我国古典园林的造园术,取法于自然,将人工与自然巧妙地融为一体。很多园林的布局都会根据地形特点把全园划分为若干景区,虽各有特点,但又互相贯通,处处充满了奇思妙想。

划分景区的方法多样,有用墙垣、漏窗的,有用廊子、亭子、厅轩、楼馆的,有用假山、树木、池塘、溪水的。如圆明园有40景,承德避暑山庄有72景,每处景观都有核心的主题和明确的意象。这种布局和处理手法,通过环境气氛的营造令人愉悦,通过山水建筑的形象发人联想,既反映了自然美,又形成了美的园林环境。

亭台楼阁、飞檐彩壁、雕梁画栋……隐藏在山水浓荫之中,它们很好地满足了人们享受生活和观赏风景的愿望。建筑通过巧妙的搭配,要么框景,要么借景,要么障景,要么对景,要么漏景,让游人移步换景,渐入佳境,以小见大,使古典园林显得自然、淡泊、恬静、含蓄。

园林建筑在布局上因地制宜,巧于因借,分而不离,相互贯通,疏密有致,曲折变换。园林中的建筑构造,巧妙地处理了虚实、疏密、明暗、藏露、参差、曲直、层次、呼应、宾主等关系,使它们看上去结构合理,主次分明,从变化中求统一。同时,经过巧妙构思的园林建筑还能协调山石、水体、建筑、植物之间的构图关系,起到"平中出奇""画龙点睛"的作用。

三、诗情画意

在我国古典园林中,建筑常常与诗情画意相结合。例如在庭院的白粉墙前放置玲珑的山石和修竹,形成粉墙花景;在漏窗前种植芭蕉和玉兰等,都充满了诗情画意。这样既增强了建筑的感染力,又能使人触景生情,意犹未尽。

很多古典园林都打破了古代正居建筑中严格的对称性,而模拟和亲近自然山水，空间迂回曲折，从而使园林的整体布局体现了诗歌般的韵律感与山水画般的空间感，进而引起人们丰富的想象和情感。

例如苏州的留园。留园的入口是一扇古朴典雅的大门，从大门入口到山池、客厅、书斋区，要经过一段狭长、封闭的长廊。长廊两侧都有高墙，忽收忽放，忽明忽暗，空间变化无穷。这种建筑是在有意识地使游人的视角受到极大的压缩和极度的收敛，通过长廊两侧忽左忽右的起承转合，引发游人"庭院深深深几许"的感叹。而当游客穿过长廊逐渐进入园中主要空间时，一番新的景致豁然展现在眼前，先前的压抑与好奇顿时变为舒畅与开朗的愉悦心情。

苏州留园风光

第三章

皇家園林敘陀桑

皇家园林是古典园林中的重要一支，园林这个概念就是从帝王的"苑"和"囿"逐步发展演变而来的。皇家园林的第一个特点就是规模宏大。古代有着森严的等级秩序，所谓"天子百里，诸侯四十"就是明证。由于规模巨大，皇家园林从造园手法上看，其第二个特点就是追求真山真水，所以在处理山水的设置关系问题上大开大合，在气魄上追求壮观，甚至直接把自然风景区圈进皇家园林。第三个特点体现在内容上，即皇家园林为了追求"移天缩地在君怀"的效果，对民间各地的园艺设计特点进行刻意的模仿。模仿多使用浓缩的艺术创作手法。

承德避暑山庄、圆明园、颐和园、中南海，这4个最具代表性的清代皇家园林，同时又是中国近代史命运转折的典型符号——慈禧从避暑山庄开始走上政治舞台；圆明园的一把火成了中国人心中永远的痛；修建颐和园则挪用海军军费，导致了后来的甲午惨败；中南海也许是中国最长寿的皇家园林，其中的诸多建筑都有特殊的历史意义，在从清朝到民国的300年中，这里折射出中国近代史的沧桑巨变。

颐和园

第一节 承德避暑山庄"塞外京都"

承德避暑山庄又名"热河行宫",俗称"承德离宫",位于河北省承德市区北部武烈河畔。武烈河汇集了附近的温泉,寒冬不结冰,故又称"热河"。承德的原名热河即由此而来。承德历史悠久,古迹颇多,四面环山,奇峰突兀,被誉为"塞外山城"。承德气候凉爽,景色优美,土肥水甜,泉清林茂,风光秀丽。清朝康熙皇帝当年与王公贵族、八旗兵到木兰围场狩猎,途经此地,对此地"一见钟情",便下令在此修建皇家园林避暑山庄。

承德避暑山庄始建于康熙四十二年(1703年),竣工于乾隆五十五年(1790年),历时87年之久。山庄占地面积8400多亩,比故宫与颐和园面积之和还要大。山庄外围筑有长达10千米的宫墙,宛若游龙,蜿蜒起伏,依山环回,其长度居众离宫和御苑之首。园内建筑物100多处,景点70多处,是我国现存规模最大的宫殿园林。

康熙皇帝像

一、"中国园林艺术的博物馆"

承德避暑山庄总体地势是西北高、东南低,巍巍的高山雄踞于西,然后逐渐过渡到具有内蒙古草原特色的一片平原,而风景秀美的湖区则位于东南。让人匪夷所思的是,山庄的地貌几乎是我国山河的缩影。西北部是山区,地势高敞,谷壑纵横,如同西北部的高原;东北部是平原区,地势平坦,芳草如茵,如同内蒙古草原和东北、华北平原;东南部是湖区,地势较低,景色秀丽,如同江南水乡。而代表了无限辽阔的疆土的实际寓意是,皇帝身在其中就可以将河山尽收眼底,正所谓"移天缩地在君怀",体现了"普天之下,莫非王土;率土之滨,莫非王臣"的皇权思想。

承德避暑山庄不仅浓缩了祖国山形地貌的精华,而且集宫殿区、湖泊区、平原区、山峦区于一身,为国内皇家宫苑园林仅有的一例,被誉为"中国园林艺术的博物馆"。

1. 宫殿区

在山庄南部,包括正宫、松鹤斋、"万壑松风"和东宫4组建筑。正宫在宫殿区西侧,是清代皇帝处理政务和居住之所,由九进院落组成,布局严整,建筑外形简朴,装修淡雅。松鹤斋在正宫之东,由七进院落组成,庭中古松耸峙,环境清幽。"万壑松风"在松鹤斋之北,是乾隆皇帝幼时读书之处,6座大小不同的建筑错落布置,以回廊相连,富有南方园林建筑之特色。东宫在松鹤斋之东,可惜的是,已毁于火灾。

承德避暑山庄

> ### 知识小百科
>
> **"万壑松风"**
>
> "万壑松风"坐南朝北,面阔五间,临湖而建,经松林绿荫下假山石蹬通向湖边,湖边原有一座玲珑小巧的八角亭——晴碧亭。在参天古松的掩映下,"长松数百,掩映周回",峡谷中又不断送出阵阵松涛之声,形成一个寂静安谧的小环境,故其楹联题道:"云卷千峰色,泉和万籁吟。"康熙皇帝、乾隆皇帝都曾在此读书、批阅奏章。

2.湖泊区

湖泊区集南方园林之秀和北方园林之雄,将江南园林的景观移植到塞外。该区内湖泊总称"塞湖",由热河泉水、山谷瀑布和雨水汇聚而成。湖岸不作人工处理,任其自然曲折,只是用多种草木遮蔽。湖面宽阔,总面积57公顷,被洲、岛、桥堤分割成几个湖区。湖岛间以长堤和小桥相连,营造出深奥、静雅的古典意境。

承德避暑山庄

塞湖有九湖十岛。九湖是:镜湖、银湖、下湖、上湖、澄湖、如意湖、内湖、长湖、半月湖。十岛有五大五小。大岛有:文园岛、清舒山馆岛、月色江声岛、如意洲岛、文津岛;小岛有:戒得堂岛、金山岛、青莲岛、环碧岛、临芳墅岛。今九湖尚有七湖,十岛只存八岛。

3. 平原区

平原区位于湖泊区以东，占地 53 公顷。南部沿湖有亭 4 座，从西至东依次是"水流云在""濠濮间想""莺啭乔木""甫田丛樾"。其他景观还有"萍香泮""春好轩""暖流暄波""万树园""试马埭""永佑寺""舍利塔"等。区内的万树园不施土木，还按蒙古族的风俗习惯设置蒙古包数座。乾隆皇帝常在这里召见各少数民族政教首领，举行野宴。

4. 山峦区

平原区的西部和北部是山峦区，面积 422 公顷，占避暑山庄总面积的 4/5。这里的山峦峻峭，属燕山余脉山系。自北而南有松云峡、梨树峪、松林峪、榛子峪 4 条大的峡谷。康熙、乾隆时期在山区修建了 40 余处楼、亭、庙、舍，均有游览御路和羊肠步道相通。

外八庙是环列于避暑山庄东部和北部山坡台地上的 8 座寺庙。原来这一带有 11 座寺庙，因其中 8 座寺庙由朝廷派驻喇嘛，又位于京师之外，所以习惯上称为"外八庙"。现尚存 7 座。

建造外八庙的目的是尊重各少数民族上层人物的宗教信仰（清朝皇帝经常在这里召见与招待边疆少数民族的首领和宗教领袖）。这对增强边疆少数民族与中央政权的和睦关系起了重要作用。人称"一座喇嘛庙，胜过十万兵"。

外八庙按照建筑风格分为藏式寺庙、汉式寺庙和汉藏结合式寺庙 3 种。这 3 种寺庙融和了汉、藏等民族建筑艺术的精华，气势宏伟，极具皇家风范，同时又具有浓厚的民族色彩，且与园林艺术和谐相配，形成了与各地佛寺建筑迥然不同的鲜明特点，成为我国独具风格的佛教建筑艺术宝库。

金碧辉煌的寺庙群与朴素淡雅的避暑山庄形成了鲜明对照。而这 8 座庙宇在避暑山庄周围形成了众星拱月之势，更衬托出山庄自然山水的本色。外八庙中规模较大而又较有特色的是普宁寺、普乐寺、须弥福寿之庙和普陀宗乘之庙。

普陀宗乘之庙

二、"清朝第二个政治中心"

承德避暑山庄在清朝是仅次于北京的另一个重要的政治中心,有"塞外京都"之称。人们通常以为皇帝都是住在京城,实际上,在避暑山庄和外八庙建成后,历代清帝不只是每年来此避暑,而是差不多有半年的时间在此处理朝政,接见各民族首领和外国使节。康熙皇帝曾来此50次,乾隆皇帝曾来此54次,嘉庆皇帝曾来此19次。他们在此接见了各少数民族上层人物、宗教领袖和外国使节,在轻松愉快的晤谈休闲中,加强了清政府与各民族上层人物的联系和其他国家的交往,取得了单纯靠军事力量难以取得的效果,为稳定边疆安宁和巩固多民族国家的统

承德避暑山庄内景

一,起到了重要的历史作用。

据史料记载,康熙皇帝建立避暑山庄是出于安邦定国的战略考虑。康熙初年,统治者的注意力主要集中在南方,与南明以及吴三桂等做斗争。在平定"三藩之乱"、收复台湾之后,南方的问题基本解决了,而北方的矛盾开始尖锐起来。一方面,西北的准噶尔蒙古部落占领了天山南北,控制了新疆、青海、宁夏等广大地区,形成割据势力;另一方面,俄国从黑龙江流域入侵,占领了尼布楚等地,侵略势力一直扩展到黑龙江下游。内外两种势力相互勾结,严重威胁着清政府的统治。

康熙二十年(1681年),清政府将注意力转移到北方,首先在承德坝上建立了木兰围场,以狩猎游乐的形式在这里"整军经武",训练和检阅军队。同时,在避暑山庄接见少数民族上层统治者,着重争取蒙

承德避暑山庄内景

古王公贵族,孤立准噶尔势力。后来,承德避暑山庄成为一系列重要政治活动的中心。康熙、乾隆等皇帝在这里接见英国使节马戛尔尼等外国使节,接见回归祖国的土尔扈特部落,接待西藏精神领袖班禅额尔德尼等。

余秋雨在《一个王朝的背影》中写道:"避暑山庄是康熙的'长城',与蜿蜒千里的秦始皇长城相比,哪个更高明些呢?"这个设问中的肯定应是对康熙最精彩的评价。

1860年,英法联军入侵北京,咸丰皇帝携慈禧逃到承德避暑山庄,并签订了《中英北京条约》《中法北京条约》《中俄瑷珲条约》等一系列丧权辱国的不平等条约。而被帝国主义列强吓破胆的咸丰皇帝不敢再回紫禁城,不久病逝于此。慈禧和奕䜣趁机策划了祺祥政变,实施"垂帘听政",夺取了清王朝的统治权,开始了对中国长达48年的腐朽统治,把中国进

一步推向黑暗的深渊。

励精图治的康熙、乾隆，昏庸无能的咸丰、慈禧，都在承德避暑山庄留下了属于自己历史的一页。只不过是一页写满了辉煌，而另一页则是写满了耻辱。

三、"清代四大戏楼"之一

宫廷演戏是古来有之的传统，历代帝王都对其有着浓厚的兴趣。清代皇帝对戏剧投入了极高的热情，皇家演戏风气之盛为前世罕见。自康熙皇帝起，就开始在避暑山庄内营建规模宏大的戏楼和精巧玲珑的戏台。皇帝每年还专门调派宫中演戏人员随行至山庄，于是频繁演戏活动便在避暑山庄的舞台上持续了1个多世纪，而避暑山庄也因此成为皇家演戏的一大重镇，孕育了独特的京剧艺术文化。

> **知识小百科**
>
> **"康乾七十二景"**
>
> 由于当年主人与客人的身份特殊，在避暑山庄留下了不同凡响的文化景观。名人书写的牌匾、楹联、诗词到处可见，有康熙皇帝以4个字题名的景色36处，有乾隆皇帝以3个字题名的景色36处，史称"康乾七十二景"。据说，乾隆皇帝之所以用4个字题名，比康熙皇帝少1个字，是为了对他的祖父表示尊重。

山庄内最恢宏的戏楼是清音阁大戏楼。它坐落在宫殿区东宫门殿以北，台高3层。清音阁戏楼与北京紫禁城内的畅音阁、圆明园的清音阁、颐和园的德和园戏楼形制相似，号称"清代四大戏楼"。

清音阁戏楼每层檐下都有乾隆皇帝的御笔横匾。上层曰"清音阁"，中层曰"云山韶濩"，下层曰"响叶钧天"。一层台前侧柱上有乾隆皇帝御笔联："鱼藻庆那居诗徵恺乐，凤梧鸣盛世音矢游歌。"下层台高1.6

米左右,台面宽 16.69 米,右进深 14.45 米。舞台表演区的面积,下层最大,中层次之,上层最小。

与一般戏楼相同的是清音阁也有 3 层戏台,自上而下分别为福台、禄台、寿台。不同的是建筑高大宏伟,其设施别致特殊,一层寿台有活动地板,地板下为地下室,高度 2 米,地下室内有地井 5 口,井口外沿直径 2.66 米,正中一口是真的水井,其余 4 口为空心土井,井内设有绞盘。寿台的顶棚又叫天花板,上面设置有天井。戏台中的天井、地井设施能够使舞台演出产生良好的音响效果,起到扩大声音共鸣的作用。天井和地井是演员和道具出入戏台的机关,在剧情需要的时候,天井可以制造出神仙从天而降的效果,地井可以表现鬼怪从地底钻出的场面。这样就能够有效调度演员,从容运用道具,使演出情节更加形象、逼真,充分展现舞台的效果和风采。戏楼之南与扮戏楼相接。扮戏楼高 2 层,面宽五楹,前后带廊。戏楼北面与之相对的是面宽五楹、前后带廊的二层楼房,名"福寿园",是帝后看戏的地方。福寿园与戏楼之间的东西两侧为带前廊的群楼,是受赏的王公大臣、少数民族首领及外国使节看戏的地方。乾隆年间,每年农历八月十三乾隆皇帝生日前后,往往要连续 3 至 10 天连演不断。避暑山庄最为隆重辉煌的演戏发生在乾隆五十五年(1790 年)乾隆的八十岁寿庆典上,这也是乾隆皇帝一生中为庆贺自己的生日而举行的规模最大的庆典。

乾隆皇帝像

四、厚重的文化价值

1994年,承德避暑山庄被列入世界文化遗产。世界遗产委员会评价:

承德避暑山庄,是清王朝的夏季行宫,位于河北省境内,修建于1703年到1792年。它是由众多的宫殿以及其他处理政务、举行仪式的建筑构成的一个庞大的建筑群。建筑风格各异的庙宇和皇家园林同周围的湖泊、牧场和森林巧妙地融为一体。避暑山庄不仅具有极高的美学研究价值,还保留着中国封建社会发展末期的罕见的历史遗迹。

列入世界文化遗产的避暑山庄作为世界了解中国文化的窗口,具有重要的文化价值;作为中国古代帝王宫苑建筑的典范之作,其园林建造实现了"宫"与"苑"形式上的完美结合和"理朝听政"与"游览娱乐"功能上的高度统一。它标志着中国古代造园与建筑艺术的巨大成就,集中国古代造园艺术和建筑艺术之大成,设计极富创造力,营造尽显皇家气派,成为自然山水园与建筑园林化的杰出代表;它把古典园林文化的内涵汇注其中,使其成为中国传统文化的缩影。

承德避暑山庄一角

第二节 圆明园"万园之园"

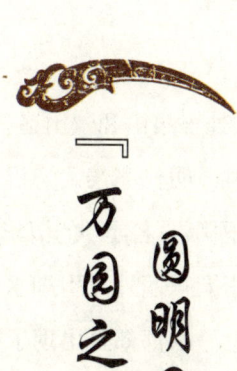

圆明园坐落在北京市海淀区,与颐和园紧相毗邻。它始建于康熙四十六年(1707年),由圆明、长春、万春(绮春)三园组成。清王朝倾全国物力,历150余年,会集无数精工巧匠,填湖垒石堆山,种植奇花异木,营造国内外名胜40景,建成大型建筑物145处,建筑面积逾16万平方米,是清王朝创建和经营规模最大的一座皇家宫苑。

圆明园不仅以园林著称,而且也是一座收藏相当丰富的皇家博物馆。园内各殿堂内装饰有难以计数的紫檀木家具,陈列有许多国内外稀世文物。园中各处藏有《四库全书》《古今图书集成》《四库全书荟要》等珍贵图书文物。法国大作家雨果曾说:"即使把我国所有圣母院的全部宝物加在一起,也不能同这个规模宏大而富丽堂皇的东方博物馆媲美。"

圆明园以其宏大的地域规模、杰出的营造技艺、精美的建筑景群、丰富的文化收藏和博大精深的民族文化内涵而享誉于世,被誉为"一切造园艺术的典范"和"万园之园"。

圆明园西洋楼遗址

一、三代帝王盛世建园

北京西郊海淀镇北丹陵一带，地域广阔，又处玉泉山和瓮山诸泉下游，水源丰富，山区风景宜人，是造园借景的好素材。明代皇亲武清侯李伟在这里大兴土木，首先建造了规模宏伟、号称"京国第一名园"的清华园（故址在今北京大学西墙外）。此后米万钟又在清华园东墙外导引湖水，修筑了幽雅秀丽的"勺园"，取"海淀一勺"的意思。京都郊野出现了亭台楼榭与湖光山色交相辉映的美景，成为名噪一时的园林汇集之地。到了清朝，皇帝也同样看中了西郊这块绝好的造园之地。

康熙二十九年（1690年），康熙皇帝在明代清华园旧址上修建了畅春园，后将畅春园西南的一块土地赐给皇四子胤禛（后为雍正皇帝）建园，并定名"圆明园"，而且康熙皇帝还亲写了匾额悬挂在圆明园大殿门上。

知识小百科

圆明园名字的由来

雍正皇帝在《圆明园记》中对"圆明"二字的含义是："圆而入神，君子之时中也；明而普照，达人之睿智也。""圆"是指个人品德圆满无缺，超越常人；"明"是指政治业绩明光普照，完美明智。这可以说是封建时代明君贤相的理想标准。

另外，"圆明"是雍正皇帝自皇子时期一直使用的佛号。雍正皇帝笃信佛教，号"圆明居士"，并对佛法有很深的研究。在清初的佛教宗派格局中，雍正皇帝以禅门宗匠自居，还利用皇帝的身份对佛教施以影响，努力提倡"三教合一"和"禅净合一"，是佛教发展史上非常重要的人物。

当圆明园还是一座藩赐园的时候，规模是不能超过皇帝的畅春园的，所以建景不多。但随着主人的登基，清王朝的太平盛世的到来，在其60多年陆续扩建中，终于建成了中国有史以来最宏伟的皇家园林。

雍正皇帝在圆明园南面增建宫殿衙署，占地面积由原来的600余亩扩大到3000余亩。此后，圆明园不仅是清朝皇帝休憩游览的地方，也是他们朝会大臣、接见外国使节、处理日常政务的场所。

乾隆皇帝即位后，在圆明园内调整了园林的景观，增添了建筑组群，并在圆明园的东邻和东南邻兴建了长春园和绮春园（同治时改名万春园）。这3座园林均属于圆明园管理大臣管理，称"圆明三园"。乾隆皇帝六下江南巡视，游遍江南名胜，带着画师把他所见的佳园美景绘成图画携归北京，并仿建于圆明园内。

圆明园若从康熙四十八年（1709年）开始营建算起，至乾隆九年（1744年）基本建成为止，前后大约建筑、修缮了35年之久。以后的各代皇帝仍不断的修葺和增建。雍正、乾隆、嘉庆、道光、咸丰五朝皇帝，都曾长年居住在圆明园优游享乐，并于此举行朝会，处理政事。圆明园与紫禁城（故宫）同为当时的全国政治中心，被特称为"御园"。

二、三大名园争奇斗艳

圆明三园共有100余处园中园和风景建筑群，即通常所说的一百景。这些景致总揽殿堂、楼阁、亭台、轩榭、馆斋、廊庑等各种园林建筑，共约16万平方米，比故宫的全部建筑面积还多1万平方米。

圆明园部分建有楼台殿阁、亭榭轩馆约140处，如上朝听政的正大光明殿，宴会用的九洲清晏阁，祭祀用的安佑宫，藏书用的文源阁等。该园的主要园林风景群，有著名的"圆明园四十景"，即"正大光明""勤政亲贤""九洲清晏""缕月开云""天然图画""碧桐书院""慈云普护""上下天光""杏花春馆""坦坦荡荡""茹古涵今""长春仙馆""万方安和""武陵春色""山高水长""月地云居""鸿慈永祜""汇芳书院""日天琳宇""澹泊宁静""映水兰香""水木明瑟""濂溪乐处""多稼如

圆明园

云""鱼跃鸢飞""北远山村""西峰秀色""四宜书屋""方壶胜境""澡身浴德""平湖秋月""蓬岛瑶台""接秀山房""别有洞天""夹镜鸣琴""涵虚朗鉴""廓然大公""坐石临流""曲院风荷""洞天深处"。这些景观气势恢宏,蔚为壮观,实为古今中外皇家园林之冠。

长春园部分以一个大水面为中心,利用岛堤将水面划分为形状各异、聚散有致的小水域,在山水布局方面独具匠心,别具一格。长春园建于乾隆十六年(1751年),中路和西路各主要景群已基本建成,诸如澹怀堂、含经堂、玉玲珑馆、思永斋、海岳开襟、得全阁、流香渚、法慧寺、宝相寺、爱山楼、转湘帆、丛芳榭等。其后又相继建成茜园和小有天园。而该

圆明园

园东部诸景（映清斋、如园、鉴园、狮子林），是乾隆三十一年至三十七年（1766~1772年）大规模增建的，包括"西洋楼"景区。

西洋楼景区是在长春园北部的一组园林化的欧式建筑，俗称"西洋楼"。该景区多用松柏、绿篱、喷水池、铜雕、石塑等具有西洋特色的元素，这在中国皇家园林中是独一无二的。

知识小百科

西洋楼

"西洋楼"由谐奇趣、黄花阵、养雀笼、方外观、海晏堂、远瀛观、大水法、观水法、线法山和线法墙等十余个建筑和庭园组成；于乾隆十二年（1747年）开始筹划，至乾隆二十四年（1759年）基本建成；由西方传教士郎世宁、蒋友仁、王致诚等设计指导，中国匠师建造；建筑形式是欧洲文艺复兴后期"巴洛克"风格，造园形式为"勒诺特"风格，但在造园和建筑装饰方面也吸取了中国不少传统手法；建筑材料多用汉白玉，精雕细刻，屋顶覆琉璃瓦。此外，西洋楼还采用了人工喷泉，时称"水法"。特点是数量多、气势大、构思奇特。主要有谐奇趣、海晏堂和大水法3处大型喷泉群。

西洋楼景区整个占地面积不过圆明三园总占地面积的1/50，只是一个很小的局部而已。但它是成片仿建欧式园林的一次成功尝试。这在东西方园林交流史上占有重要地位。

一位目睹过它的欧洲传教士赞誉西洋楼："集美景佳趣于一处，凡人们所能幻想到的、宏伟而奇特的喷泉应有尽有，其中最大者，可以与凡尔赛宫及圣克劳教堂的喷泉并驾齐驱。"这位传教士的结论是："圆明园者，中国之凡尔赛宫也。"

绮春园建于乾隆三十年（1765年），是一座小型的水景园林，规模并不是很大。清嘉庆年间，在绮春园北部修建了"省亲别墅"，并将一些皇族成员的藩赐园并入绮春园，因而面积扩增了1倍。著名的园林景群有敷春堂、清夏斋、涵秋馆、生冬室、四宜书屋、春泽斋、凤麟洲、蔚藻堂、

绮春园遗址

中和堂、碧亨、竹林院、喜雨山房、烟雨楼、含晖楼、澄心堂、畅和堂、湛清轩、招凉榭、凌虚亭等近30处。自道光初年起，该园东路的敷春堂一带经改建后，作为奉养皇太后的地方。但园西路诸景，仍一直是道光、咸丰皇帝的园居范围。该园在同治年间试图重修时，改称万春园。

圆明园这座巨大的皇家园林，可以说是集中了我国南北造园艺术和中西合璧建筑的精华，不啻为一本造园艺术的百科全书。圆明园是我国古代建筑和园林艺术发展的高峰，也是我国古代建筑和园林艺术的光辉总结。

知识小百科

圆明园的功能

圆明园是一座清代的大型皇家园林，兼有御苑和宫廷的两种功能。为了适应统治者政治上和生活上的需要，圆明园的建筑数量众多，类型复杂。殿、堂、轩、馆、楼、阁、厅、室、廊、榭、亭、桥，应有尽有。建筑布局采取大分散、小集中的方式，把绝大部分的建筑物集中为许多小的群组，再分散配置于全园之内。在这些建筑组群中，一部分具有特定的使用功能，如宫殿、庙宇、住宅、戏楼、藏书楼、陈列馆、船坞、码头等都是供清统治者饮宴、游憩的园林建筑。

三、三种妙法巧取美景

圆明园是人工创造的一处规模宏伟、景色秀丽的大型园林。平地叠山理水,精制园林建筑,广植树木花卉。以断续的山丘、曲折的水面及亭台、曲廊、洲岛、桥堤等,将广阔的空间分割成远近大小不一、意趣各不相同的风景群,构成了山复水转、层层叠叠的园林空间。

圆明园拱形石桥

在这美轮美奂的园林空间里,圆明三园共呈现出一百余景,美景众多却又无一雷同,都以院落的格局作为基调,把我国园林布局的多变性发挥到了极致。不过,除少数宫殿、庙宇和特殊功能的建筑群外,圆明园的造景取材还是有一定规律可循的,大致有以下3种手法。

1. 模拟江南风景

唐代诗人白居易在《忆江南》一词中写道:"江南好,风景旧曾谙。日出江花红胜火,春来江水绿如蓝。能不忆江南?""江南"一词几乎成了风景优美的同义语。圆明园中的许多景观都是模拟江南名胜的。其中最著名的如"上下天光"是模拟洞庭湖,"西峰秀色"是模拟庐山,"坦坦荡荡"是模拟杭州的玉泉，"坐石临流"是模拟绍兴的兰亭。至于"平湖秋月""柳浪闻莺""曲院风荷""三潭印月""南屏晚钟""雷峰夕照"，甚至连"西湖十景"的名称也都全部照搬。在圆明园里集中了如此众多的江南风景名胜，怎能不令人流连忘返呢？

2. 再现古人诗画意境

圆明园中的一些景取材于前人的诗画，这是圆明园景色富于诗情画意的一个重要原因。我国历史上，曾经出现过许多伟大而杰出的诗人，描绘了许多令人神往的境界。这样一些脍炙人口的诗篇就是圆明园造景取材的一个重要来源。其中最突出的如"夹镜鸣琴"是来自唐代诗人李白的名句"两水夹明镜，双桥落彩虹"；"杏花春馆"则来自唐代诗人杜牧的诗篇"清明时节雨纷纷，路上行人欲断魂。借问酒家何处有，牧童遥指杏花村"；"武陵春色"则是以晋代诗人陶渊明的《桃花源诗》和诗序《桃花源记》为蓝本创造出来的。

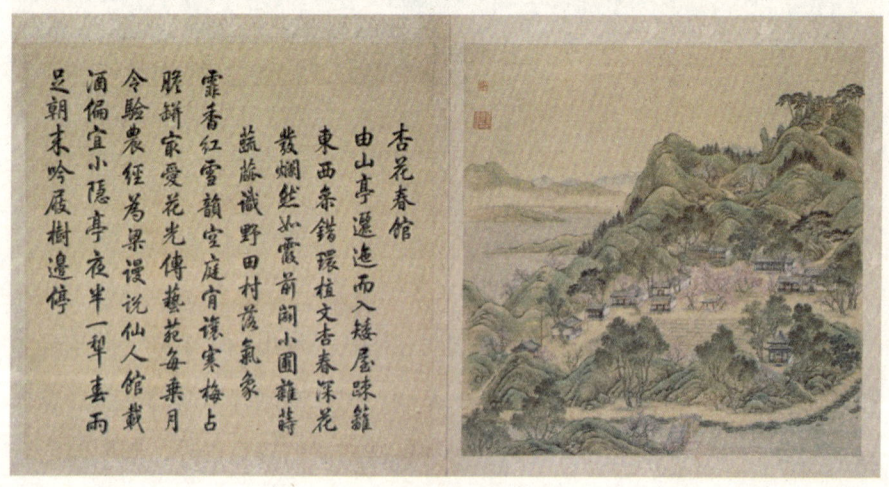

杏花春馆图

诗和画是两个不同的领域，但是，二者之间又没有不可逾越的鸿沟。一首好诗，往往可以入画；一幅佳画，也会使人领略到诗的意境。圆明园四十景之一的"北远山村"的建筑设计灵感，与唐代诗人、画家王维的《辋川图》有密切关系。乾隆皇帝关于圆明园景色的诗文中，提到古代的诗人、画家和他们的作品的地方是很多的。《天然图画诗序》说"远近胜概，历历奔赴,殆非荆、关(荆浩、关仝,均为五代时著名山水画家)笔墨能到";《清晖阁四景诗序》说"坐阁中颇似展倪、黄(倪瓒、黄公望,均为元代著名山水画家)横披小卷也"。

正因为圆明园与诗画有如此密切的关系,圆明园才能给人以诗情画意的美感。

3. 移植江南名园

明清时期是中国造园的兴盛时期,江南地区出现了许多著名的私家园林。乾隆皇帝六次南巡,都有如意馆的画工一同前往,把他看中的名园绘成图样,带回北京仿建。

在圆明园先后仿建有4处江南名园,其中之一即福海西北的安澜园。乾隆皇帝一次南巡时〔乾隆二十七年(1762年)〕,曾以浙江海宁的陈氏隅园作为行馆,并赐名"安澜园"。乾隆皇帝很喜欢该园结构佳妙,回京后就在圆明园四宜书屋左右仿其格局进行改建和增建。园成之后,也题名叫"安澜园"。当时仿建的另外3处名园,都在长春园内:一处是在思永斋东院,仿照杭州西湖汪氏园而建的小有天园;一处是仿照南京瞻园而建的如园;一处是仿照苏州著名园林而建的狮子林。

苏州狮子林

知识小百科

西方人眼中的圆明园

法国传教士王致诚在一封写给友人的信中详尽地介绍了圆明园之后写道:"此地各物,无论在设计和施工方面,都极宏伟和美丽。因为,我的眼睛从来不曾看到过任何与它相类的东西，因此，也就令我特别惊讶……中国人在建筑方面所表现的千变万化，复杂多端，我唯有钦佩他们的天才宏富。我们和他们比较起来，我不得不相信，我们是又贫乏，又缺乏生气。"

四、名园劫难历史耻辱

圆明园于咸丰十年（1860年）遭到英法联军的洗劫和焚毁，成为中国近代史上的一页屈辱史。

1856年10月，英国和法国联合发动了侵略中国的第二次鸦片战争。1860年10月6日，英法联军绕经北京城东北郊直扑圆明园。10月7日，英法侵华头目闯进圆明园后，立即"协派英法委员各三人合议分派园内之珍物"。英法侵略军入园的第二天就不再能抵抗物品的诱惑力，军官和士兵们都疯狂前去抢劫园中的金银财宝和文化艺术珍品。

知识小百科

圆明园宝物遭劫知多少

英法侵略者究竟抢走了圆明园多少宝物？由于园内的陈设什物及其账目都一并被抢毁一空，所以已永远无法说清。以下资料或许可借以管中窥豹。

清室史料表明，圆明园内当时仅陈列和库存的欧洲各式大小钟表即达441件，劫后幸存的只有1件大钟。事后查缴被土匪抢走和侵略军"委弃道途"的一部分失散物件即达1197件，这充其量只不过是园内物件的1.2%。据当时《泰晤士报》一则通讯称："据估计，被劫掠和被破坏的财产，总值超过600万镑。"实际上，被英法侵略军抢走和破坏的物件，有很大一部分实属无价之宝。这摧残人类文化的滔天大罪，实在令人发指！

10月18、19日，三四千名英军在园内到处纵火，大火3昼夜不熄，烟云笼罩整个北京城，久久不散。这座举世无双的园林杰作就这样被付之一炬。在闻知这个噩耗之后，法国伟大的作家雨果在1861年11月25日致巴特雷上尉的信中怒斥道："有一天，两个强盗闯进了圆明园。一个强盗大肆掠劫，另一个强盗纵火焚烧。从他们的行为来看，胜利者也可能是强盗。一场对圆明园的空前洗劫开始了，两个征服者平分赃物。真是丰功伟绩，天赐的横财！两个胜利者一个装满了他的口袋，另一个看见了，就塞满了他的箱子。然后，他们手挽着手，哈哈大笑着回到了欧洲。这就是这两个强盗的历史。在历史面前，这两个强盗一个叫法兰西，另一个叫英吉利。"

知识小百科

李大钊与圆明园

许多名人经过圆明园遗址时，都会写下哀感的诗文，表达自己内心的愤怒。中国共产党创始人之一的李大钊凭吊圆明园时，也曾怀着悲愤的心情写下著名的诗句：

圆明两度昆明劫，鹤化千年未忍归。

一曲悲笳吹不尽，残灰犹共晚烟飞。

五、遗址保护工作

1949年中华人民共和国成立后，十分重视圆明园遗址的保护，先后将其列为公园用地和重点文物保护单位，征收了园内旱地，进行了大规模植树绿化。

1983年，经国务院批准的《北京城市建设总体规划方案》，明确把圆明园规划为遗址公园。在北京市政府和海淀区政府及圆明园学会等社会各界的关心支持下，1984年9月，圆明园管理处采取民办公助形式，依靠社会各方面力量，共同开发建设遗址公园，从而使遗址保护整修工作迈出有决定意义的一步。后又经两年整修，遗址公园初具规模，于1988年6月29日正式向社会售票开放。圆明园遗址公园既富于遗址特色，又具备公园功能，是一处进行爱国主义教育及群众游憩的好去处。

圆明园十二兽首复制品

圆明园遗址公园的整修建设主要进行了6个方面的工作：一是继续完善了福海、绮春园两景区的绿化美化，修建园路桥涵和服务设施。二是园林遗址的清理整理水平有明显提高。这两个景区已有"蓬岛瑶台""涵

圆明园景观

虚朗鉴""观澜堂""别有洞天""涵秋馆""天心水面""凤麟洲"等10多处遗址。现已清运碴土，廓清石建基址，整理临水台基，界定遗址范围，立石镌刻盛时图景，供游人凭吊。三是择要修复了几处景点，如绮春园的仙人承露台、福海"别有洞天"的四方亭等。四是全面补砌了绮春园东半部的河湖自然石驳岸。五是全面清理、整理了西洋楼遗址的西半部，廓清谐奇趣、蓄水楼、养雀笼、方外观、五竹亭、海晏堂等各座古建筑基址及喷水池，并归位大批台基柱壁等石件。六是从1992年12月起，全面整修长春园山形水系，至1994年4月基本竣工，并整理了"海岳开襟"、思永斋、流香渚、得全阁、鉴园、狮子林等处园林遗址和临水台基。至此，圆明三园整个东半部已初步连片建成遗址园林，"万园之园"的园林格局依然存在，近半数的土地成为绿化地带。10多万株树木蔚然成林，多数建筑基址尚可找到，数十处假山叠石仍然可见，西洋楼遗址的石雕残迹颇引人注目。

第三节 颐和园"园林之首"

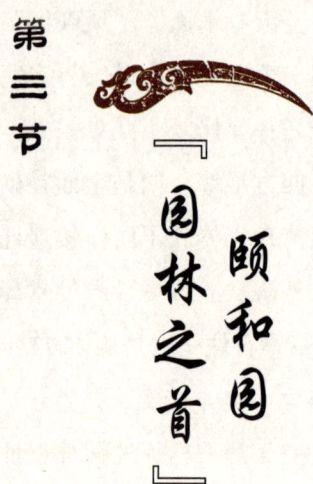

集历代皇家园林之大成、荟萃南北私家园林之精华的颐和园,是中国现存最完整、规模最大的皇家园林。颐和园拥山抱水,绚丽多姿,气势恢宏,既有皇家园林的气派,又充满自然风景的情趣;既有北国山川的雄浑宏阔,又有江南水乡的清丽婉约,被誉为"中国古典园林之首"。

一、追根溯源

颐和园是我国现存规模最大、保存最完整的皇家园林,为全国重点文物保护单位。它位于北京西北郊,距市中心约19千米,占地约290万平方米。除宫廷建筑外,颐和园主要由万寿山和昆明湖组成。万寿山系西山山脉,高59米;昆明湖包括南湖、西湖、后湖(后山之溪涧),总面积4350亩,占全园面积的3/4。

万寿山于1153年为金代皇帝修建的金山行宫。1190年时是西山八水院之一(金水院),山称"金山",水称"金水河"。元代改称"瓮山",

万寿山

山下之湖名"瓮山泊"。明代，在 1488 年至 1505 年，在瓮山建园静寺。1506 年至 1521 年，明武宗筑别墅于湖滨，因山色壮美，取名"好山园"。

颐和园是"三山五园"中最后兴建的一座园林，乾隆皇帝即位以前，在北京西郊一带已建起了 4 座大型皇家园林，从海淀到香山这 4 座园林自成体系，相互间缺乏有机的联系，中间的"瓮山泊"成了一片空旷地带。乾隆皇帝决定在瓮山一带兴建一座皇家园林，并以此为中心把两边的 4 座园林连成一体。

知识小百科

"三山五园"

"三山五园"是北京西郊一带皇家行宫苑囿的总称，都是从清代康熙朝至乾隆朝这段国势最为强盛时期陆续修建起来的。

有关"三山五园"的具体所指，目前比较通行的说法是，"三山"

是指万寿山、香山和玉泉山。三座山上分别建有静宜园、静明园、清漪园（颐和园），与附近的畅春园和圆明园，统称"五园"。

嘉庆以后，清朝国力逐渐衰落，无力增建新的园林。道光皇帝甚至下令撤除"三山"各宫殿的家具陈设，实际上相当于将其废置不顾。1860年，第二次鸦片战争中，英法军队将圆明园、清漪园等悉数焚毁，而"三山五园"的繁华胜景也随着清王朝的衰落一去不复返了。

1750年，乾隆皇帝为庆祝母亲的寿辰，在园静寺原址改建成大报恩延寿寺，瓮山更名为"万寿山"，瓮山泊改称"昆明湖"，环以围墙，大兴土木修建园林，称"清漪园"。1860年，清漪园被英法联军烧毁；1888年，慈禧挪用海军经费等款项重建清漪园，改名为"颐和园"；1900年，该园又遭八国联军破坏。1902年，清廷再次拨款修复该园。

颐和园的前身为"三山五园"中的清漪园，后在英法联军火烧圆明园时同遭严重破坏。光绪十四年（1888年），慈禧挪用海军军费修复此园，改为"颐和园"。当时，慈禧为了改动园名，还是颇动了一番心思的。

先说"颐"字，可当保养讲，在这一意义上它与"养"是同义词，如"颐养天年""颐神养性"。晋葛洪《抱朴子·道意》云："养其心以无欲，颐其神以粹素。"这个"颐"字可指保养人的身体、精神等。

颐和园牌匾

再说"和"，原指和谐、协调，而人的身体若失去和谐，则会得病，因此引申为身体健康。常用"违和""不和"等否定词指人身体不健康，如唐李华国《兴亡解》云："身或不和则药石之，针灸之。"所以这"颐和二字意为保养身体康健。慈禧大兴土木、重建此园时,大权独揽,已50多岁,十分关心自己的身体,于是用"颐和"作为园名,祈盼能保养好自己的身体,长命百岁,久握权柄。

1900年,颐和园又遭八国联军洗劫,慈禧从西安回到北京后,再次动用巨款修复此园。

慈禧大力修复此园的目的不仅是由于她独独看中了这块具有"万寿"名称的风水宝地,还准备在此颐养天年,优游卒岁。从1903年起,慈禧大部分时间都在这里度过,所以颐和园是一个兼具"宫""苑"双重功能的大型皇家园林。

慈禧像

二、艺术典范

颐和园规模宏大,主要由万寿山和昆明湖两部分组成,其中水面占3/4。颐和园既有湖光山色,又有庭园美景,将人造景观与自然风景和谐地融为一体,从而成为中国园林艺术的典范。

环绕在山湖之间的宫殿、寺庙、园林建筑,琳琅满目又错落有致,自成一格又相互联系。这些宫殿、寺庙和园林建筑可概括为三大区域:宫廷区以仁寿殿为中心,慈禧晚年大部分时间在这里垂帘听政;居住区以玉澜堂、乐寿堂、宜芸馆为主体,帝后生前在这里起居生活;风景游览区包括万寿山、昆明湖两大部分,以万寿山前山、万寿山后山、后湖、昆明湖为主,融山水、建筑、花木为一体,是全园的主要组成部分,其中的长廊、石舫、佛香阁、宝云阁、大戏楼、十七孔桥、玉带桥等建筑堪称世界建筑文化中的珍品,在中外园林艺术史上有极高的地位。

1. 长廊

颐和园长廊，以排云殿为中心，呈东西走向，向两边延伸，全长728米，共273间，每根枋梁上都有山水、人物和花鸟的绘画，共有8000余幅，是一座五彩缤纷的画廊。颐和园长廊是中国长廊建筑中最大、最长、最负盛名的游廊，也是世界第一长廊。这座精心打造的游廊，融汇了廊式建筑的艺术精华，既吸收了南方园林的典雅风韵，又别有一番皇家的威严气度。

颐和园长廊既是园林建筑之间的联系路线，又与各样建筑组成空间层次多变的园林艺术空间。它把万寿山前分散的景点建筑连缀在一起，对丰富园林景色起着突出的作用，形成了一条风雨无阻的观景线。无论天气是风是雨，人们总能以最安适的方式欣赏颐和园的美景，漫步其中，穿花透树，看山赏水，步移景换，美不胜收。

长廊是颐和园的一大妙笔，代表了中国园林建筑的高超水平，是颐和园内的建筑经典。

颐和园长廊

2. 万寿山建筑群

万寿山属燕山余脉,高59米,登临可俯瞰昆明湖上的景色。万寿山前山,以八面三层四重檐的佛香阁为中心,组成巨大的主体建筑群。从山脚的"云辉玉宇"牌楼,经排云门、二宫门、排云殿、德辉殿、佛香阁,直至山顶的智慧海,形成了一条层层上升的中轴线。万寿山后山有宏丽的西藏佛教建筑和屹立于绿树丛中的五彩琉璃多宝塔。

3层的佛香阁是颐和园全园的建筑中心,它得西山群峰之景,阁仗山雄,山因阁秀,登阁凭栏,颐和园美景尽收眼底,让人豪情勃发。佛香阁在空间上既呼应统一了颐和园内的建筑群和水

颐和园佛香阁

陆景点,又在这湖光山色之间起到了画龙点睛的作用,具有中国古典园林匠心独运的艺术特色。

3. 谐趣园

号称"园中之园"的谐趣园在万寿山东麓一隅。乾隆皇帝6次下江南,遍览美景,他对无锡寄畅园颇加偏爱,回京后命工匠在万寿山仿建,这样就可以在北方见到地道的江南园林了。

谐趣园有着与江南园林一样的玲珑秀美,但还有所不同的是,它以雄浑壮丽的万寿山为背景,充分利用自然景观,将园林建筑完美地融入大然山水之中,成功地造就了皇家园林的宏大气势和至高无上的皇家风范。

> ### 知识小百科
>
> **佛香阁为何只建3层而未建9层**
>
> 颐和园万寿山上的佛香阁,八角三层四重檐,攒尖顶,是乾隆皇帝为其母庆祝60岁生日而建造的,故又称"大报恩延寿塔"。佛塔,古称"浮屠"。按照惯例,凡是寓意重要的、门第高贵的佛塔都修9层,号称"九级浮屠"。乾隆皇帝在位时期,正逢盛世,经济实力丰厚。乾隆皇帝命建佛塔,照理说该建9层,但是只建了3层,原因何在?
>
> 原来,佛香阁最初设计的确实是建造9层,但是建到8层时,在一个雷雨天,佛塔突然遭受雷击起火,佛塔因受损严重而倒塌。乾隆皇帝认为这是"上天示警",于是下令暂时停工,改变建塔设计方案,另行议定。有位大臣向他建议,西山一带地势较高,雷电活动频繁,在万寿山的山坡上建造佛塔,不宜过高。后来在重议建塔设计方案时,乾隆皇帝亲自登山实地勘察,最终将9层改为3层。
>
> 3层佛香阁就是这样建起来的,并且称其为阁,不称其为塔。1900年,英法联军入侵北京,放火烧毁圆明园、清漪园,而能够避免雷击这样天灾的佛香阁却无法逃过外国侵略者制造的人祸,它在这次劫难中化为灰烬。光绪年间,慈禧在清漪园旧址修建颐和园,而佛香阁也得以照原样重建。

4. 昆明湖

昆明湖原名"瓮山泊"。乾隆皇帝借为母亲祝寿、兴修水利和操练水师之名,将瓮山泊仿杭州西湖大加扩展,并据汉武帝挖昆明池训练水军的典故而改今名。

昆明湖以西堤及一条短堤为界,划分为3个水域,并据道家"一池三山"之说,分别筑有南湖岛、藻鉴堂岛和治镜阁岛3座岛屿,以象征神话中海上的蓬莱、方丈、瀛洲3座仙山。

　　昆明湖西堤仿杭州苏堤而建，将湖面分为东西两半。西端有6座桥梁，以汉白玉雕砌的玉带桥最为著名，远远望去，如玉带轻飘。与西堤相接的东堤是一道石造长堤，有仿卢沟桥而建的十七孔桥，跨向绿水之中，宛若飞虹，跨在粼粼碧波之上。

颐和园十七孔桥

三、世界遗产

　　颐和园以其丰富多彩的文化艺术宝藏和雄伟壮阔的古建筑艺术，吸引着无数中外游人。这座历史为帝王建造的古典园林，自对外开放以来，每年接待中外游客达数百万人，现已成为中国最著名的旅游景点之一。

　　颐和园作为中国皇家园林的杰出代表，成为我国第一批全国重点文物保护单位。1998年，颐和园以其丰厚的历史文化积淀、优美的自然环境景观、卓越的保护管理工作，被联合国教科文组织确认为"世界文化遗产"。

世界遗产委员会评价：

北京颐和园，始建于1750年，1860年在战火中严重损毁，1886年在原址上重新进行了修缮。其亭台、长廊、殿堂、庙宇和小桥等人工景观与自然山峦和开阔的湖面相互和谐、艺术地融为一体，堪称中国风景园林设计中的杰作。

第四节 "长寿皇苑"中南海

中南海在明清时期是北京皇城的一部分,位于紫禁城西面。中南海面积约1500亩,其中水面700亩,水域辽阔。中南海的『海』是蒙古语『海子』的简称,是水域的意思,因为地处北京中南方位,故称『中南海』。此名始于元代,一直沿用至今。

中南海属于清代皇家园林西苑三海中的南部两海。西苑三海整体分成两大部分:北侧的北海,现今已辟为北海公园;南侧的中海和南海,中海为大,南海为小,二者在狭窄的连接处为一小桥隔开,合称为『中南海』,即今日的中共中央和国务院所在地。

现存的中国皇家园林中,中南海并不是经常被提及的一个,但其地位无疑是最为特殊、最为重要的,它一直与清王朝的命运紧紧相连。在历史上,作为距离紫禁城最近的皇家园林,这个幽深禁秘的皇家御苑可谓近水楼台,记录了历代皇帝的兴衰成败,浓缩了清帝国的历史往事。

一、历史悠久

人们一般把北海和中南海当作两个地名，而其实它们本是连在一起的，在历史上被称为"太液池"，也叫"西苑""西海子"。

中南海也许是中国最长寿的皇家园林，三海的修建最初始于辽、金时期，从金世宗起就开始在现在的北海、中海一带开挖改造营建离宫——太宁宫。同时开挖"海子"，并沿湖建造宫殿。到元代时，从元世祖忽必烈时开始大规模地扩建，西苑也成为元代皇宫的一部分。

三海建筑群的最终定型始于明初，明成祖朱棣还是燕王的时候，就将燕王府设在太液池畔。明永乐十八年（1420年），南海开凿和西苑扩建工程和明皇宫几乎同时完工。而开凿南海所挖出的土，也堆筑了一座四周环水的小岛——瀛台。三海格局就在这时基本形成了：北海、中海、南海是由地上的2座桥分隔而成的，金鳌玉蛛桥以北为北海，蜈蚣桥之南为南海，两桥之中间为中海。

清乾隆年间，南海附近以及中海东岸地区，新修了大量的宫殿楼阁等主体建筑，奠定了现在中南海园林整个格局的基础，使中南海最终成型。

太液池

二、皇家气派

能体现皇家气派的建筑很多,以下建筑更具代表性。

1."水云榭"说沧桑

中海主要建筑"水云榭",是居于水上的凉亭。在凉亭内观望水云榭四周的风景,视野宽广,云水和亭台楼榭遥相辉映。水云榭这座水中的凉亭,环境美妙,云光倒映,夏日荷香四溢,小亭宛若出水芙蓉。尤其是秋高气爽之时,水天一色,风行水上,波光粼粼,碧带环绕,翠盖丹英,风景如画,美不胜收。

斗转星移,物是人非。如今,站在水云榭四望,背面是北海大桥,背倚琼岛白塔;南面水域辽阔,波光浩渺,遥望瀛台;东岸万善殿、千圣殿,绿树掩映,红花映衬;西岸则是金碧辉煌的紫光阁。远望碧波千顷、近观荷花映日的水云榭依旧点缀着中南海的旖旎风光。

2.新华门的变迁

新华门是中南海正门,位于西长安街上,为两层楼房,面阔7间,下层中央3间为门洞。卷棚歇山顶,上覆黄琉璃瓦。新华门原为乾隆时期建

新华门

造的宝月楼，建于乾隆二十三年（1758年），乾隆皇帝还为上下各有3间房的宝月楼题写了"仰视俯察"的匾额。

传说宝月楼是乾隆皇帝为讨得香妃的欢心而建。香妃入宫后思念家乡，终日闷闷不乐，乾隆皇帝就建了宝月楼，还在楼对面建了回营和清真寺等回民生活的街市，使得香妃登楼就可见到家乡景色。后来皇太后得知此事，暗中缢死了香妃。

宝月楼原本不与外边相通，辛亥革命后，袁世凯窃取革命胜利果实，担任了大总统，他把中南海作为总统府，还将宝月楼改建成总统府大门，并以"新中华民国"之意取名为"新华门"。同时在门内修建影壁，拆除门外清真寺，在长安街对面修筑花墙挡住破烂民居，并将端王府的一对石狮移于门前。从此，新华门取代西苑门成了中南海的正门。

3. 新旧仪鸾殿

最初建在中海的仪鸾殿是一座正殿，规模宏大，共5间，正中1间作为召见大臣的地方，和它相邻的东次间做慈禧的寝宫。5间共面阔6丈9尺，进深达6丈余，比皇宫紫禁城里的保和殿的面积还大，极为宏阔庄严。殿顶建成两卷形式，所以也叫"两卷殿"。

这组宫殿建筑群于光绪时用6年的时间建成，戊戌政变之后，慈禧就在仪鸾殿亲自训政，使得仪鸾殿取代了紫禁城成为实际意义上的政治中心。

令人无比痛惜的是，这座落成后仅仅辉煌了10余年的仪鸾殿，就在八国联军侵占期间惨遭焚毁。1900年，八国联军入侵北京，占领中南海后，联军统帅瓦德西挟名妓赛金花居住仪鸾殿长达半年之久。其间不慎失火，致使这座气势恢宏的大殿被彻底烧毁。

此后，慈禧为讨好洋人，在仪鸾殿旧址新建楼殿，并将新建筑群一律采用西式风格，建成两层洋楼，取名"海晏堂"，专作接见、宴请外国女宾之所。慈禧另在中海西岸修建新仪鸾殿，后改名"佛照楼"，而在袁世凯称帝前又改名"怀仁堂"，用于办公。

1949年中华人民共和国成立后，拆除原建筑，修建了中式屋顶的两层楼房。

三、帝国缩影

中南海中的诸多建筑几乎每一处都有特殊的意义，它们折射出了大清帝国近300年来的缩影。

1. 冰嬉三海

满族人原生活在冰天雪地的世界，清朝统治者入关后，其冰雪情结一直未改，冰上体育运动被冠以国俗。乾隆皇帝说："冰嬉活动为国制所重。"每逢寒冬腊月，清廷便在西苑三海举行一年一度的冰嬉活动。皇帝在王公大臣、文武百官的陪同下，会乘坐专门定制的豪华冰床，亲自来三海观看表演，时称"冰嬉三海"。

冰上运动极为精彩，包括速滑、圆鞠、杂技等项目。成群的百姓和军人，或乘冰床，或溜滑板，还有一些人在冰面上玩球。优胜者还会得到皇帝的赏赐。"冰嬉三海"不仅是游戏那么简单，在清初统治者看来，冰嬉其中大有深意，其实是寓武于乐，重在军事操练与检阅，这反映了帝国初立时君王们的忧患意识。

冰嬉表演

2. 赏功紫光阁

紫光阁的建筑形式是上下两层的楼阁,除去周围窗下的坎墙用磨砖对缝之外,都是木结构。通阁周围都是菱花窗和贴金群板。屋顶是宫殿建筑中等级最高的庑殿顶,用的是绿琉璃黄筒边瓦,下屋檐是在一层平座之上的腰檐,两檐之间有柱子、回廊、门窗,梁檐、额枋用旋子彩画。

康熙年间,每逢八月十五在此召集侍卫大臣比武射箭。比赛后,康熙皇帝赏赐优胜者。此后,紫光阁一直与"论功行赏"联系在一起。乾隆皇帝为了炫耀自己的文治武功,嘉奖功臣猛将,在乾隆二十五年(1760年)下令重修紫光阁,并在阁后建武成殿。在阁内绘功臣图,刻御制诗,将康乾盛世的荣华都记录在了紫光阁中。

3. 皇家的一亩三分地——丰泽园

在中南海中还有皇家的一亩三分地,这块地方就在丰泽园中。丰泽园在中海西南侧,为康熙年间所建。这里有稻田数亩,小屋数间,一派田园风光,颇有乡村野趣。这里也是清代皇帝劝课农桑之所。历任皇帝都要在丰泽园举行演耕之礼,亲躬务农对于皇家来说虽然更多的是个仪式,但也能反映出当政者的重农心思。

园中藏有著名的唐代画家韩滉的《五牛图》。此后又有明代项圣谟和清代蒋廷锡分别临摹的《五牛图卷》同贮一起,称之为"十五牛图"。牛是农耕的主要畜力,这里寓示皇帝重本务农的治国方针。

《五牛图》(局部)

4. 光绪皇帝的囚牢——瀛台

瀛台是南海中的一座小岛，也称"南台"，始建于明代。清朝顺治年间，在岛上开始建宫室，成为帝后避暑之处。康熙以后又不断扩建修葺，所有宫室都改为黄屋，并在水边堆叠奇石，种植花树。其中，涵元殿是清皇室在瀛台游览、休憩和筵宴的主要场所。

除涵元殿外，瀛台中还有一组建筑群，包括迎熏亭、绮思楼、翔鸾阁、香扆殿等。瀛台最南端是迎熏亭，面水背山，与新华门相对，有桥与瀛台相连。站在迎熏亭前展目四望，一派水色山光，令人心旷神怡。瀛台岛上的殿堂楼阁，凌檐翘顶，覆以黄、绿、蓝多色琉璃瓦，掩映在碧树浓荫之中，花草掩映，景色宜人。

知识小百科

现代化试验田——中南海

中国的第一条铁路就是修在中南海之中的，而锅炉房、电灯等现代化设备也于较早的时候在中南海中得到了应用。

中南海中的铁路始于紫光阁，止于北海，因此又称"紫光阁铁路"。这条铁路并不是用做货物运输，而是观光旅游，它是慈禧的专用铁路。这段铁路总长1510.4米，分成3段：一段在福华门内，一段在福华门外至阳泽门前，另一段在阐福寺前的神路上。

具有历史意义的是，此后，津通铁路、津浦铁路、京奉铁路、京张铁路相继兴工。中南海不足2千米的铁轨揭开了中国铁路史的序篇。

但真正让瀛台出名的是，戊戌变法失败后的光绪皇帝被慈禧囚禁在此10年，了度余生。从中南海的地形来看，瀛台四面环水，只有一桥与陆地相连，而此桥可活动，掀起桥板后瀛台与陆地的交通就中断了，慈禧把光

绪皇帝囚禁于此，无疑表达了她对光绪皇帝的深深担忧。

光绪皇帝被囚禁于瀛台后，这座热闹一时的水中岛屿日趋冷清，逐渐破败。随之而来的是光绪皇帝从肉体到精神的备受折磨。据说当年光绪皇帝所住的涵元殿，卧室的窗户皆以纸糊，日久凋破，无人修补，冬天室内寒风凛冽，令人冷不可耐。光绪皇帝因此常常冻得浑身发抖，手足麻木，可见其囚禁生活凄苦至极。

光绪皇帝在他生命的最后 10 年里，一直过着这种囚禁生活，直到光绪三十四年（1908 年）十月二十一日，先于慈禧一日死在涵元殿的东室，结束了他的一生。而清王朝也随着这位试图有所作为却又无力回天的皇帝驾崩而日薄西山。

光绪皇帝像

第四章

江南园林甲天下

第一节 扬州个园

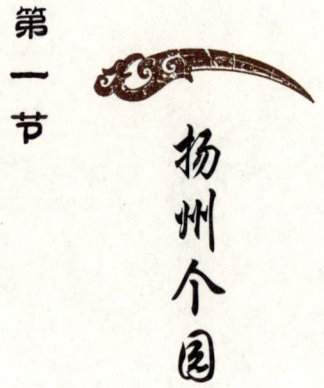

扬州园林以精湛的造园技巧、浓郁的诗情画意和工细雅致的艺术格调,成为中国古典园林的重要组成部分,并且"可视为江南园林的代表作品"。其中,个园是扬州园林中以叠石著称的名园,为全国重点文物保护单位,是扬州园林的典型代表。

一、盐商建园,挥金如土

明清时期,扬州成为南北漕运与盐运的咽喉,经济、文化出现极度繁华局面。特别是扬州设立两淮盐运使,全国各地盐商云集扬州。盐商又是商人中最富有者,生活奢侈,挥金如土,他们不惜巨资,竞相修造邸宅、园林。

嘉庆二十三年(1818年),两淮商总黄应泰在扬州东关街的明代"寿芝园"旧址上构建私家园林,取宋代文豪苏东坡"宁可食无肉,不可居无竹"的诗意,园中遍植翠竹,竹叶形似"个"字,而正是出于这个原因,此园被命名为"个园"。

个园分住宅和亭园、松竹林3个部分,面积广阔,建筑多样。全园四周山抱楼环，松竹掩映一片葱绿。住宅部分原为四进三路，前进的砖雕门楼和轿厅已不存在，现存的还有三进两路，中路五开间，东路三开间，

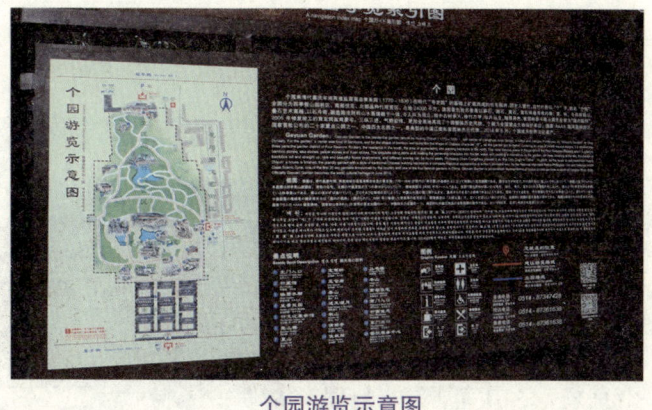

个园游览示意图

前两进为平房，后进为串楼，每进都建有幽房小院，院中具有不同的景色点缀。住宅部分还有厅堂40多间。住宅的后面为亭园，这是个园的主体建筑部分，园中楼阁四起，山水相依，古木参天，竹影摇曳；园中的布局精致优雅，风光如黛，是扬州住宅园林的典范。

知识小百科

湖上园林

扬州盐商、官僚为迎合当时帝王的游览兴致，招聘造园名家，运用我国造园艺术手法，随形得景，互相因借，利用桥、岛、堤岸划分，使狭长的瘦西湖湖面形成层次分明、曲折多变的湖光山色。同时又依山临水，面湖而筑，组成若干个小园。园中小院相套，自成体系，但又以瘦西湖为共同的空间，应用起伏岗峦、参差树木、高低院墙分隔空间，造成小中见大、意境深远的效果，使有限的河道水面变成了无限的山水空间，创造了以人力巧夺天工的湖光胜境。

乾隆盛世扬州湖上园林"两堤花柳全依水，一路楼台直到山"的胜景，至嘉庆年间因盐业渐衰，园主家业败落，而皇上也不再南巡，便逐步走向衰退。

二、四季假山，气宇非凡

个园以春、夏、秋、冬四季假山著称，到处呈现出一幅幅气宇不凡的山水画面。造园者别具一格，应用"春山宜游，夏山宜看，秋山宜登，冬山宜居"的画理，分峰用石，以石斗奇，运用不同石料——石笋石、太湖石、黄石、宣石堆叠成四季假山。虽属假山，却有真山意境，峰峦洞曲，削壁悬崖，形态逼真，一应俱全，具有浓郁的诗情画意和工细雅致的艺术格调。

个园

四季假山呈现四季不同的自然色泽和特征，造型上也各得其妙，能使人在登攀中品味出四季不同的韵味来。这种别具的匠心和独特的设计，使四季假山享有"国内独例"的赞誉。

1. 春山

进入个园园门，门外两边修竹劲挺，高出墙垣，竹丛中插植着石绿斑驳的石笋，描绘出"雨后春笋"的一派景致，给人一种春意盎然的感觉。东西两侧透空花墙下，稀疏的绿竹之间，植石数峰，青翠含润，竹石相配，一真一假，一动一静，组合出一幅春雨滋润下的山林美景。

下了春山，穿过抱山楼，迎面是一座势如

个园

真山的大型湖石假山。山脊筑有小亭，亭内的匾额上题有"夏山宜看"，而这就是夏山。

2. 夏山

夏山前临深池，旁倚抱山楼，是一座集阁山与池山于一体、峻峭而秀美的综合性假山。夏山峰峦耸峙，林木葱郁，中间则堆叠成空心洞穴，曲奇深幽，游人可在洞内小憩。洞顶有一洞隙，恰能注入缕缕阳光，使洞内显得幽而不暗、幻而不迷。即使炎热的夏天，人们步入洞中，顿觉清爽。进到深处，更觉清风徐来，暑气顿消。步出石洞，脚底的石板桥下是一泓波光潋滟的清水池。池中游鱼嬉戏，穿梭于睡莲之间，静中有动，极富情趣。

3. 秋山

经过抱山楼的"一"字长廊，园之东部便是秋山。秋山最富画意，山由悬岩峭壁的安徽黄石堆就，顺势立峰，有中、西、南三峰，其石有的颜色赭黄，有的赤红如染，其势如刀劈斧削，险峻摩空。整座山体峻峭凌云，显得壮丽雄伟。进入山腹，如入大山之中，险奇

秋山

之处随时可见。中峰高耸奇险，下有石屋，可容十几人，内设石桌、石凳、石床，通风良好，四季干燥，颇具生活意趣。沿腹道攀缘而上，至山顶拂云亭，顿觉心胸开朗，满园佳境，尽收眼底。每当夕阳晚霞映照，黄石山体一片橙黄，呈现出金秋绚丽的色彩。

4. 冬山

从秋山上下来，转到漏月轩前，便看到了用白色的雪石堆叠的冬山。整个山体洁白晶莹，俨然积雪未消，使人不禁生出几许寒意。山前地面，全用白石铺作冰裂纹状，山中配植天竺、蜡梅等植物，增添了几分冬之

情趣。

南面高墙上有24个风音洞,后面的巷风袭来,时而发出呼啸之声。这样,"雪色"与"风声"相融合,更显冬日景韵,令人拍案叫绝。在西边的院墙上,开有一窗,正对后院的春山一角,寓意春色在望。这样,四季山景就自然地连成一体,其结构巧妙,浑如天成。

游人从春山绕过夏山再到秋山、冬山,如果健步而行沿着平岗通道环山上下一圈,就需要一两个钟头;如果漫步观赏,穿洞过壑,登山攀峰,那就要半天时间。在轻步慢移间,游客就可以将春夏秋冬四季山景尽收眼底,真正是"园林方半日,山中已一年"。

三、缩影自然,融合南北

个园的四季假山,用石万计,景色明媚,丰姿多彩,构思精湛,文化气息浓郁。它既有灿烂辉煌的美,又有素洁淡雅的美,具有高超的艺术感。它通过四时不同的山峰,来表现四时不同的景色——春山多物象,夏山多云水,秋山多奇峰,冬山多风雪。那错落在山涧的奇峰异石,有的两峰对峙,有的峰峦相映,构成了一个绝妙的境界。可以说,这个境界既是人工堆垒的奇景,也是美好自然的缩影。

走进个园,既可欣赏到苏杭园林的玲珑秀美,又可领略到北方园林的苍劲壮观。扬州地处南北方交接部,个园从建筑景观的风格到林木花卉的品种,无处不体现出扬州园林融合南北的艺术特点。园中的主要建筑物宜雨轩、抱山楼等展示了北方建筑的雄健、粗犷,而清响阁、鹤亭等几处亭榭又显现出江南园林的柔和纤巧;园中的花木,芍药、

扬州个园

睡莲、翠竹分明蕴含着江南秀色,而松柏、白杨、天竺又明显地透露出北方的苍劲、豪放。

> **知识小百科**
>
> **个园楹联赏析**
>
> 春夏秋冬山光异趣,
> 风晴雨露竹影多姿。
>
> 这副大门两边的对联,形象鲜明地概括了个园的整体特色。
>
> 咬定几句有用书,可忘饮食;
> 养成数竿新生竹,直似儿孙。
>
> 这副园中学堂的对联,能看出主人对儿孙后代的教育十分重视。

第二节 无锡寄畅园

在无锡有一座近 500 年历史的名园,它就是寄畅园。寄畅园是山麓别墅园林的代表。它位于惠山东麓,占地 14.85 亩。寄畅园虽小,却能利用山水地形进行精心布局,巧妙运用借景,将惠山、锡山秀色揽入园内,以有限的空间,造无尽的意境,从而成为江南园林的杰出典范。1988 年,寄畅园被列为全国重点文物保护单位。

一、秦家故园,清帝垂青

关于寄畅园的创建历史,最早可以追溯到明代。它的前身是秦氏家园,故名"秦园"。此园第一代园主秦金,号凤山,是宋代著名文学家秦观的后裔。明嘉靖年间,他曾先后任五部尚书,位高权重。为告

寄畅园

老还乡，颐养天年，秦金利用原惠山寺"南隐"和"汇寓"两僧舍，初步奠定了园林的雏形，而因其号"凤山"，便命名为"凤谷行窝"。到了明万历十九年（1591年），第三代园主秦耀先后花了7年时间，在"凤谷行窝"的基础上建成20景。新园建成后，秦耀取王羲之的诗句"寄畅山水阴"而改名为"寄畅园"。

清代顺治十四年（1657年），秦氏后裔秦德藻专门请了造园名家张南垣设计改造，并由他的高徒张武负责施工，在园内精心叠石，引入惠山泉。改造后的寄畅园的风光更美了，名声也更大了。

康熙、乾隆两朝帝王对寄畅园更是十分垂青，祖孙两人分别六下江南，每次都要到无锡寄畅园游览。康熙皇帝还特意为寄畅园题写了"山色溪光""松风水月"刻石。乾隆皇帝更是不惜耗费巨资，以寄畅园为蓝本，在北京万寿山建了一座"惠山园"（就是如今在颐和园中的"谐趣园"）。

二、东水西山，景致盎然

全园大体上可以分为东、西两个部分，东部以水池、水廊为主，池中有方亭；西部以假山、树木为主。

东部的水池锦汇漪，因为它汇集全园锦绣景色而得名。而整个寄畅园的风景正是围绕着它为中心而展开的。锦汇漪南北长，东西狭，面积仅有2.5亩，却显得开阔明朗。东面是临水亭廊，西面地势高处造假山，水面上筑有石桥，使水面成为不规则的巨大镜面，把周围的山影、塔影、树影、花影和人影倒映在池中，尽得奇幻之景。

池中有一座九脊飞檐的方亭，名为"知鱼槛"，游人可倚栏与池中游鱼相戏。知鱼槛对面是鹤步滩，它是园中的主

寄畅园

山，用当地山石围叠，与园外的惠山相呼应。假山与真山气势相连，好似一脉相承。假山脚下有弯曲谷道，洞水顺流而下，水石相谐，情趣盎然。

在水池的北段，七星桥、廊桥将池水分成两个不同情趣的小水面，显得深邃不尽，幽深无限。桥卧水面，池水轻拍，倒影如画。

西部的假山造型模拟惠山九峰连绵逶迤之状，构成一幅九狮图。整座假山看上去像9只用太湖石叠成的巨大的雄狮，据说这是根据元代大画家倪云林的《九狮图》画稿堆砌而成的。假山高约5米，怪石嶙峋，变化丰富，与水池的比例相称，又同池中倒影相映成趣。

假山间为山涧，引惠山泉水入园，西高东低，茂林在上，清泉下流，水流宛转跌宕，淙淙有声，取名为"悬淙涧"，又名"三叠泉""八音涧"。假山群中的古树茂盛，枝繁叶茂，都是有二三百年树龄的古樟，诉说着寄畅园悠久的历史。

除此之外，寄畅园的西南段还有一方池水，旁侧耸立着一座太湖石峰，3米多高，其造型栩栩如生，像窈窕淑女，倚墙而立，在方池前以水为镜，梳理发妆，所以被称为"美人石"。

寄畅园

知识小百科

郁盘亭的故事

寄畅园中有一座六角小亭，亭内砌有青石圆台，亭名"郁盘"，取自王维"郁郁盘盘，云水飞动"之句。但郁盘亭还有一个民间传说：清朝惠山寺有位老和尚，棋艺高超。乾隆皇帝游惠山时，便和他在青

> 石圆台上对弈。结果，乾隆皇帝连连得胜。他想：我的棋艺远不如老僧，为何反而连连得胜？无非我是皇帝，他不敢取胜罢了。后经人查明，果然不出乾隆皇帝所料。因此乾隆皇帝虽然获胜，仍郁郁不欢，后人就把此圆台取名"郁盘"，而亭就叫"郁盘亭"了。

三、山林野趣，清幽古朴

寄畅园布局得当，妙趣自然，体现了山林野趣、清幽古朴的园林风貌，具有浓郁的自然山林景色。

寄畅园借景高超，园内登高可眺望惠山、锡山，这在江南园林中以假山为主的设计中比较罕见。园中又引入惠山泉水，真山活水，配以假山池塘，共同创造出自然和谐、灵动飞扬的山林野趣，寄托了园主的生活情趣和对自然人生的哲学思考。

寄畅园的艺术魅力还在于其清幽古朴的鲜明特色，它历史悠久，积淀着秦氏家族的兴衰和封建帝王的行踪，因而文化积淀浓厚。寄畅园选址山

寄畅园秋色

麓，深得自然之趣，林木葱郁，古树众多，建筑简朴，环境清幽，游客们往往都会不由自主地陶醉在这"自然的山，精美的水，凝练的园，古拙的树，巧妙的景"中，流连忘返。

知识小百科

《寄畅园法帖》

在游览寄畅园时，还可欣赏到《寄畅园法帖》石刻。郁盘亭和秉礼堂、邻梵阁一带，嵌有《寄畅园法帖》碑200方，这些法帖是清嘉庆年间秦氏家族在乾隆皇帝所赐《三希堂法帖》的基础上，搜集宋、元、明、清名家，如秦观、文徵明、董其昌、刘墉等的墨迹，精雕细刻而成。全帖12册，前6册选择乾隆皇帝御赐秦家的名帖，后6册是秦氏家藏的名家墨宝。

第三节 上海豫园

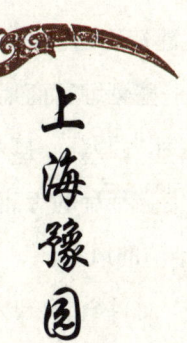

上海豫园历史悠久,特色鲜明,设计精巧,布局细腻,以清幽秀丽、玲珑剔透见长,小中见大、闹中取静,体现了明清两代南方园林建筑艺术的特长,是江南古典园林中的一颗明珠。

一、江南奇秀,几经兴衰

豫园由明代潘允端于明嘉靖三十八年(1559年)始建上海城厢内城隍庙西北隅,他聘请园艺名家张南阳担任设计,并将此园命名为"豫园"。"豫"有"安泰""平安"之意,蕴含"愉悦双亲"之意,可见潘允端建园的目的是让父母在园

豫园雪景

中安度晚年。但因时日久拖,豫园建成时其父母已亡故,豫园实际成为潘允端自己退隐享乐之所。

潘允端死后，豫园日益荒芜。清康熙四十八年（1709年），上海士绅为公共活动之需，购得城隍庙东部两亩多的土地建造庙园，即灵苑，又称"东园"（今内园）。乾隆二十五年（1760年），一些豪绅富商集资购买庙堂北及西北大片豫园旧地，恢复当年园林风貌，称为"西园"。修复后的西园、东园已非私家花园，变成了供城邑士人乡绅们集会雅玩的寺庙园林，但规模布局还依照原有豫园，保留了私家园林明秀雅洁的风貌。

此后，上海迭遭战乱，豫园也是衰败破漏，面目全非，甚至有些建筑被改建成民房。中华人民共和国成立后，豫园得到妥善保护。经历几次大修后，东园和西园连接起来，融为一体，恢复了秀丽典雅的名园风貌。

1961年9月，豫园正式对外开放，成为各方人士喜爱游览参观娱乐的场所。

二、闹中取静，城市山林

豫园位于上海老城厢东北部，北靠福佑路，东临安仁街，西南与老城隍庙、豫园商城相连。虽然它居于闹市，面积只有2万多平方米，但由于

上海豫园

设计巧妙，布局曲折有致，闹中取静，以清幽秀丽、玲珑剔透见长，是一座城市中的山林。因此，豫园成为上海重要的传统旅游胜地，享有"奇秀甲于东南"的美誉。

> **知识小百科**
>
> **九曲桥**
>
> 豫园前有座典雅别致的九曲桥，与湖心亭相依相伴，成为上海的标志之一。曲桥为什么以"九"为数呢？按中国的传统习俗，九是阳数最高的数，具有吉利之意，故取名"九曲桥"，实有取其吉祥如意之意。民间更是流传着"儿童走九曲，幸运久久久；学子走九曲，考分九十九；情侣走九曲，天长而地久；老翁走九曲，活到九十九"的民谣。

经过修复后的豫园除荷花池、湖心亭及九曲桥划为园外景点外，全园有穗堂、大假山、龙墙、铁狮子、快楼、"玉玲珑"、得月楼、积玉水廊、听涛阁、涵碧楼、古戏台等亭台楼阁以及假山、池塘等40余处古代建筑。现为大家介绍以下建筑。

1. 大假山

豫园内有一座颇有名气的大假山，高约10米，用约2000吨黄石堆砌而成。假山由明代江南叠石名家张南阳设计建造，层峦叠嶂，洞壑深邃，山上花木葱茏，山下环抱一泓池水。游人登临，颇有置身山岭之感。

400多年来，豫园景物时废时兴，而大假山仍保持旧观。大假山上还有二亭，一在山麓，名"挹秀亭"，意为登此可挹园内秀丽景色；一在山巅，称"望江亭"，意为在此登高望远，可见园外黄浦江上的旖旎风光。

2. 龙墙

豫园共有5条龙墙。园里的围墙，蜿蜒起伏，顶上饰以龙头，并用瓦片

豫园龙墙

组成鳞状,象征龙身,这样,一垛墙就像一条游龙,因此称为"龙墙"。

在我国古代,龙是封建帝王的象征,是不能随便用在私家园林上作装饰的。但豫园在建龙墙时已是清末,封建帝制日薄西山,而且龙墙上的龙只有三四个爪子,也避去了"五爪金龙"之嫌,因此可以作为装饰。

3. "玉玲珑"

豫园玉华堂前的"玉玲珑"是江南三大名石之一,玲珑剔透,周身多孔,也是豫园中的瑰宝。古人品评石之高下,有"瘦""漏""透""皱"4个标准,而"玉玲珑"则四者俱佳,以"透""漏"论之,更是冠盖全国,称誉海内外。

4. 得月楼

得月楼位于玉华堂、"玉玲珑"西,两面临水。建于清乾隆二十五年(1760年)后,光绪十八年(1892年)重建,取"近水楼台先得月"之义而命名。得月楼为二层楼房,建筑精致,画梁彩栋,修廊曲栏,华丽幽静。楼前有"皓月千里"匾额,皓月当空时,俯视湖心亭、九曲桥上月光，别有情趣。

三、花展灯会，别样风采

豫园成为城隍庙西园以后，一直免费开放，而东园于每月农历初一和十五也对外开放。豫园因此成为上海城内举办各种活动的主要场所。

豫园的花展约起于清嘉庆年间，以后相沿成习。花展以菊花为主，其次有兰花、梅花等，参展的盆花皆由私人提供，并评出优胜者。菊花会在每年农历九、十月间举行，会址通常设在萃秀堂一带，届时室内廊间、径边石上均菊影婆娑。每盆菊花标明艺菊者姓名，请行家品评，凡被评为"新巧""高贵""珍异"的都属上品。参加花展的花卉，只要花主愿意就可以购买，价格由双方议定。

上元观灯是中国的古俗，豫园元宵灯会比花展历史更长，规模更大，热闹非凡。每逢元宵节，豫园周围大街小巷群灯似海。旧时一些大户人家

豫园灯会

出灯有多至二三百盏的，形态各异的彩灯营造出热闹喜庆的节日气氛，将豫园装点得分外妖娆。而随着现代社会的发展，豫园灯会的场面更是壮观，在现代高科技彩灯的映衬下，古老的豫园充满着流光溢彩、欢乐祥和的节日气氛。

此外，豫园还举办重阳节登高望远活动、元宵节猜谜游艺活动，也常举办奇石、书画展和茶道活动等。

第四节 南京瞻园

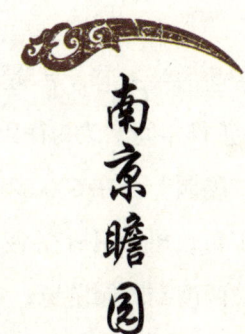

瞻园是南京现存历史最久的一座园林,已有600多年历史。瞻园位于南京市夫子庙西瞻园路,号称『金陵第一园』,又是大明王府和太平天国历史博物馆。

瞻园面积约2万平方米,共有大小景点20余处,布局典雅精致,有宏伟壮观、气派庄严的明清古建筑群,陡峭峻拔、奇峰叠嶂的假山,清幽素雅的楼榭亭台、深院回廊,在繁闹都市中勾勒出一幅世外桃源的美丽画卷。

金陵第一园瞻园

一、六百年风雨，历史沧桑

瞻园初建于明代洪武年间，原为朱元璋称帝前的吴王府，后赐给明初开国功臣中山王徐达，作为他安度晚年的府邸。正德年间始改为徐氏花园，撷欧阳修"瞻望玉堂，如在天上"之意，取名"瞻园"。在600多年的历史中，瞻园几易其主。清代，中山王府改成江宁布政司衙门所在地，瞻园由私家花园变成行署园林。乾隆皇帝南巡时，曾两度到瞻园游览，并亲笔题写了"瞻园"匾额。道光年间为江苏布政史衙。太平天国时期，瞻园先为东王杨秀清的东王府，继而成为夏官副丞相赖汉英衙署，后为幼西王萧有和王府。太平天国失败后，该园遭到清军破坏。同治、光绪年间两次重修，但园景远不及旧观，仍作江苏布政史衙。辛亥革命以后，瞻园成为江苏省长公署。国民党统治时期，这座江南名园曾是国民党特务机构"中统局"的杂院，荒芜不堪。中华人民共和国成立后，1960年，我国著名古建筑专家刘敦桢教授主持瞻园的恢复整建工作，不仅保留了原有的格局特点，还充分地运用了苏州古典园林的研究成果，推陈出新，使瞻园在原有的王府风貌上又焕发出新的风采。

江南布政使司署

二、金陵第一园，文藏丰富

瞻园东部有太平天国历史博物馆，里面陈列了许多珍贵的太平天国革命史料和实物。瞻园大门在园东部，上悬一大匾书"金陵第一园"，大门对面有照壁，照壁前是一块太平天国起义浮雕。进门正中是一尊太平天国领袖洪秀全的半身铜像,院中两边排列着20门当年太平军用过的大炮。

二进大厅主要陈列太平天国文物,有天父上帝玉玺、天王皇袍、忠王金冠、大旗、宝剑、石槽等300多件,总陈列面积约1200平方米。该馆现已收集到太平天国文物1600余件,其中有42件是一级文物。

三、山水石三景,风光旖旎

瞻园作为江南名园,风景优美,布局合理。整座园林南、北、西三面为假山,而主体建筑静妙堂把园林分成南面小、北面大的两个空间,各成环游路线,成功地弥补了南北空间狭长的缺陷。下面为大家介绍奇石、假山、水池。

瞻园假山

1. 奇石

进入瞻园,一眼就能看到南门后的庭园中矗立着一块挺拔多姿的太湖石——"仙人峰"。仙人峰前有落地漏窗作框景,从暗窥明,恰似一幅山水条幅画卷,用以作为入口的衬景,妙不可言。仙人峰是瞻园奇石的代表,还有绮云峰、友松石、步石等,都是江南园林的奇石珍品,有些还是宋徽宗时期"花石纲"遗物。

2. 假山

瞻园分为南石山和北石山两组，全系假山堆叠而成，但堆造之精、面积之大，实属巧夺天工。

南石山给人的总体感觉是气势雄浑、山峰峭拔、洞壑幽深。假山临水而设，上伸下缩，形成蟹爪形的大山岫，钳住水面，山水相映，美不胜收。假山内还悬坠了几块钟乳石，造成实中有虚、虚中有实的山水景观。而盘根错节的紫藤和翠绿丰满的女贞这两株古树散发着清幽的气息，牡丹、红枫等又点缀其间，都衬托出了南石山古朴典雅、秀丽多姿的特色。

北石山坐落在瞻园北部的西端和北端。西为土山，北为石山，山中还有著名的普静泉，泉水清澈澄静，沁人心脾。石山体积虽大而中空，山中有"瞻石""伏虎""三猿"等洞壑。北石山顶是全园的制高点，登高一望，体会风光旖旎的山前景色，将瞻园全景尽收眼底。

3. 水池

静妙堂是全园的中心，有一座面临水池的鸳鸯厅，它将全园分成两大空间，并置有南北两大水池。南水池紧接静妙堂南沿，略呈葫芦形，北端较大而南端较小。北水池空间比较开阔，曲折而富有变

鸳鸯厅

化。尤为奇妙的是，在静妙堂西侧，有一泓清溪沟通了这两大水池，使南北两个特色鲜明的空间有聚有分，自然流畅。

第五章

苏州园林甲江南

苏州是我国著名的历史文化名城，物华天宝，人杰地灵，被誉为"人间天堂""园林之城"。作为举世瞩目的历史文化名城，苏州积淀了2500多年的吴文化底蕴。苏州自古以来以山水秀丽、园林典雅闻名天下，有"上有天堂，下有苏杭"的美称。现在的苏州"城中有园""园中有城"，山、水、城、林、园融为一体，古典与现代完美结合。

苏州园林是指苏州城区内的园林建筑，以私家园林为主。苏州园林的历史可以追溯至公元前6世纪春秋时吴王的园囿，它形成于五代，成熟于宋代，兴旺于明代，鼎盛于清代。据记载，到清末，苏州已有园林170多处。

所谓"江南园林甲天下，苏州园林甲江南"。江南园林的美景享有盛名，多为宅地园林，由贵族、宦官、富商等建造，精致优雅。这些园林反映了历代园林的不同风格，是中国园林艺术的代表作。而苏州的古典园林因其景色优美而最为突出：园内遍布庭台楼榭，游廊小径蜿蜒其中，内外空间相互渗透。透过一扇扇格子窗，窗外广阔的自然风光被浓缩成一处处微型景观。涓涓清流在脚下静静地流淌，倒映出园中的景物，虚实交错，把观赏者带入了无限的梦幻空间。

作为苏州古典园林典型的拙政园、留园、网师园和环秀山庄，意境深远，构筑精致，艺术高雅，文化内涵丰富，成为苏州众多古典园林的典范和代表。这四座园林在1997年被列入"世界文化与自然遗产名录"，2000年沧浪亭又增补列入。

另外，狮子林、耦园、艺圃、退思园也是我国乃至世界的文化遗产。其中，沧浪亭、狮子林、拙政园和留园分别代表着宋、元、明、清4个朝代的艺术风格，被称为苏州"四大名园"。

苏州沧浪亭

知识小百科

世界文化遗产评价语录

　　1997年，联合国教科文组织遗产委员会将苏州古典园林列入世界文化遗产名录，高度评价了苏州的古典园林："没有哪些园林比历史名城苏州的九座园林更能体现出中国古典园林设计的理想境界，咫尺之内再造乾坤。"

第一节 拙政园"中国园林之母"

拙政园是我国一座著名的园林,始建于明朝正德年间,它是苏州园林中面积最大的古典山水园林,被誉为"中国园林之母"。拙政园与北京颐和园、承德避暑山庄、苏州留园并称为我国四大古典名园。

拙政园占地面积约80亩,园林布局主题以水为中心,池水面积约占总面积的1/5,亭台轩榭错落有致;拙政园布局疏落相宜,构思巧妙,风格清新秀雅,朴素自然,主要建筑有远香堂、雪香云蔚亭、待霜亭、留听阁、十八曼陀罗花馆、卅鸳鸯馆等。

一、历经沧桑的明代风韵

典雅、淡秀的拙政园位于苏州古城东北街178号。这是一座具有浓郁的江南水乡特色的园林,经过几百年的沧桑变迁,至今仍保持着平淡疏朗、旷远明瑟的明代风格。

1. 吴门才子妙笔生花

拙政园最初是唐代诗人陆龟蒙的住宅,明正德四年(1509年),御史王献臣仕途失意归隐苏州,将此宅买下,并委托著名画家、吴门画派的代表人物文徵明参与设计蓝图。文徵明才华横溢,不仅设计了园林的面貌和风格,并作有《拙政园图》《拙政园记》《拙政园咏》,流传于世。

拙政园的建造历时16年方告竣工,王献臣借用西晋文人潘岳《闲居赋》中"拙者之为政也"之句为此园命名,暗喻自己作为朴实之人在自己家的花园里为政。

当时,拙政园的面积大约有13.4公顷,规模较大。园内多隙地,池广林茂,有繁花坞、倚玉轩、芙蓉隈,以及轩、槛、池、台、坞、涧等共31个景点。整个园林布满山水,接近自然风光,充满了浓郁的天然野趣。

根据文徵明在《拙政园记》中的描述,一开始建造拙政园时,他就发觉这里地质松软,积水弥漫,而且湿气很重,并不适合盖过多的建筑。但文徵明经过巧妙构思,以水为主,植物为辅,并因地制宜地设计了各个景点,将诗画中的隐喻融入园内景物之中。

拙政园

知识小百科

文徵明与拙政园

文徵明和唐寅同年，明成化六年（1470年）生于苏州，字征仲，号停云，别号衡山居士。文徵明出身书香门第，大器晚成，精通诗、书、画，为明代画坛四大家之一，与唐寅、祝枝山、徐祯卿一起称为"吴门四才子"。

文徵明酷爱祖国的名山大川和风景名胜，苏州秀丽的湖光山色更令他流连忘返。在拙政园建园之初，王献臣就邀请文徵明为其设计蓝本，也因此形成了拙政园以水为主、疏朗平淡、近乎自然风景的园林风格。

拙政园中至今还留存了许多文徵明的对联与诗作，其中以梧竹幽居亭中的"爽借清风明借月，动观流水静观山"最能表现出拙政园的意境。文徵明非常喜爱植物，拙政园内30多个景点中，超过一半的景象与植物或者植物本身的寓意有关。相传，园中的紫藤也是文徵明亲手栽种的，由此可以看出文徵明对植物的喜爱。

文徵明一生最爱拙政园，常常与王献臣在此园宴饮、赏游，并数次为拙政园作画。流传至今的《拙政园图》集诗、书、画于一体，堪称鸿篇巨制。

2. 历尽沧桑名园易主

拙政园建成不久，王献臣就去世了，他的儿子在一夜豪赌中，把整个园子输给徐氏。经历120多年后，明崇祯四年（1631年），拙政园已破落近30年，成了一座丘墟。东部园林归侍郎王心一所有。王心一擅长山水画，将拙政园重新修复，悉心经营，并取意陶渊明的诗作，将"拙政园"改名为"归园田居"。

清顺治十年（1653年），陈之遴曾购得此园。此后，拙政园充公。康熙初年，拙政园曾经是驻防将军府、兵备道行馆。之后，还给了陈之遴的儿子。陈之遴之子又将此园卖给了吴三桂的女婿王永宁。王永宁曾对此园大兴土木,堆积丘壑,整个园林的状貌也因此有所改变。

清乾隆三年(1738年),蒋棨接手此园,并把园林的规模略加更改,将东边的庭院切分为中、西两部分。

太平天国运动时期,忠王李秀成曾把此园当作苏州的重要基地,改名为"忠王府"。

太平天国忠王府

清光绪三年(1877年),富商张履谦接手此园,改名为"补园"。当时拙政园的面积缩小到1.2顷,张履谦进行了大规模的修整,由此奠定了拙政园今天的规模。

抗日战争爆发前夕,一代名园衰落到"狐鼠穿屋,薜苔蔽路"的境地。1937年冬,日本侵略军几度轰炸苏州,远香堂受震破损,南轩被焚毁,园内亭阁多处倒塌,苇枯荷败。

1951年11月,拙政园划归苏南区文物管理委员会管理,文管部门立即修缮,聘请专家名匠,规划整治,按原样修复。1952年11月6日,整修后的拙政园中部和西部正式开放。1961年,拙政园被国务院列为首批全国重点文物保护单位。1997年,被联合国教科文组织列为世界文化遗产。

二、古朴典雅看"三园"

拙政园现在的格局,大部分是拙政园成为太平天国忠王府花园时重建形成的,到清朝末期,已经形成了中、西、东3个相对独立的小园。

1. 中园:参差错落,精巧雅致

拙政园的中部是拙政园的精华所在,称为"中园"。中园的总体布局以水为主,池中堆山,亭台楼榭都临水而建,有的亭榭就建在水中,参差错落,具有江南水乡的特色。中园总的格局仍旧保持了明代园林浑厚、质朴的建筑风格。

以荷香喻人品的远香堂是园主宴请宾客的地方,它既是中园的主体建筑,又是拙政园的主建筑,园林中各种各样的景观都是围绕这个建筑展开的。

远香堂

远香堂是一座四面厅,它面水而建,结构精巧,周围都是落地玻璃窗,可以从里面看到周围的景色。堂里面的陈设非常雅致,堂的正中间有一块匾额，上面写着"远香堂"（明代文徵明所写）。

堂的南面有小潭、曲桥和黄石假山，还有一片竹林。堂的北面是宽阔的平台，平台连接着荷花池。每逢夏日，池塘里荷花盛开，不时传来阵阵清香。堂的西侧是曲廊，连接小沧浪廊桥和水院。东面经过圆洞门就可以进入枇杷园，园中种植了枇杷、海棠、芭蕉、竹等花木，建筑构思和庭院布置都很雅致精巧。

2. 西园：精致奢丽，紧凑规整

拙政园的西部原为张履谦重修时期的"补园"，当时依山傍水建造了亭阁，布局紧凑，其中起伏曲折的水廊、溪涧是造园佳作。西园的主要建筑是靠近住宅一侧的卅鸳鸯馆，这是当时园主宴请宾客和观戏听曲的场所。馆内陈设考究精美，如果是晴天，从馆内透过蓝色玻璃窗观看外面的景色犹如一片雪景，非常美丽。卅鸳鸯馆前的水池是曲尺形的，装饰华丽精美，回廊起伏，水波倒影，别有一番情趣。

西园另一个著名的建筑是与谁同坐轩的扇亭，扇亭两侧的墙上开着两个扇形的窗户，一个对着倒影楼，另一个对着卅鸳鸯馆，后面的窗中又正好映入山上的笠亭，而笠亭的顶盖又恰好配成一个完整的扇子，整体造型小巧玲珑。

与谁同坐轩

3. 东园：疏朗明快，溪涧环绕

东园原称"归田园居"，它的规模大致以明代王心一所设计的"归园田居"为主，形成了平冈远山、松林草坪的主体布局，再配上山池亭榭，仍旧保持了拙政园疏朗明快的整体建筑风格。

东园中心是涵青池，涵青池的北面是兰雪堂，南面及左侧有缀云峰和联壁峰。峰下有洞，步行入洞，豁然开朗，就好像进入了世外桃源，别有一番滋味，因此被形象地称为"小桃源"。兰雪堂的西面，梧桐参差，溪涧环绕，北部是紫罗山、漾荡池。

三、水景出众，建筑唯美，林木绝胜

拙政园的布局以水为主，景色平淡天真，疏朗自然。它以池水为中心，楼阁轩榭都建在池的周围，并用漏窗、回廊连接。园内的山石、绿竹、古木、花卉，构成了一幅幽远宁静的画面，代表了明代园林的建筑风格。整个园林建筑仿佛是浮在水面上，加上周围花木的映衬，在不同的境界中会产生不同的艺术情趣，处处有情，含蓄曲折，不愧是苏州园林的典型代表。

1. 因地制宜，以水见长

拙政园利用园地多积水的特点，水面约占园林面积的1/3，"凡诸亭槛台榭，皆因水为面势"，形成以水景为主题的园林特色。拙政园的大面积水面营造了园林空间的开朗气氛，又很好地保持了明代园林建筑"池广林茂"的特点。

拙政园

2. 庭院错落，曲折变化

拙政园的庭院，空间变换曲折。"小飞虹"、得真亭、"志清意远""小沧浪""听松风处"等轩亭廊桥依水围合而成，独具特色。水庭东面的枇杷园，由"海棠春坞"、听雨轩、嘉实亭三组院落组合而成，错落有致。位于园林山水和住宅之间，很好地解决了住宅与园林之间的过渡。另外，各处大小不等的院落空间相互对比衬托，也使得主体空间显得更加疏朗开阔。

3. 园林景观，花木为胜

拙政园以"林木绝胜"著称，数百年来一脉相承，沿袭不衰。早期王氏拙政园的31处景观中，有2/3都是取自植物题材。现在的拙政园，仍然保持了以植物景观取胜的传统，荷花、山茶和杜鹃是拙政园的三大特色花卉。例如中园23处景观中，有4/5都是以植物为主景的景观——远香堂、荷风四面亭的荷，倚玉轩、玲珑馆的竹，待霜亭的橘，听雨轩的竹、荷、芭蕉，玉兰堂的玉兰，雪香云蔚亭的梅，"听松风处"的松，以及"海棠春坞"的海棠，"柳荫路曲"的柳，枇杷园、嘉实亭的枇杷等。

知识小百科

名园金戈铁马声

太平天国的杰出将领忠王李秀成与苏州有着千丝万缕的联系，与拙政园也有着不解的缘分。清咸丰十年（1860年），李秀成率军攻占苏州后，建立苏福省，将拙政园作为自己的忠王府。

据说，李秀成在忠王府时，喜欢在后花园见山楼办公。此楼依山临水而建，楼上楼下互不相通，比较安全。李秀成在公务之余，放眼窗外，可远眺西部群山，而近观则园中景色尽收眼底。100多年过去了，轰轰烈烈的太平天国运动成为历史，但拙政园楼榭依然，而见山楼则承载着一段令人难忘的记忆。

第二节 "吴中第一名园"留园

留园,位于苏州阊门外,是一座历史悠久的古典园林。它同北京颐和园、承德避暑山庄、苏州拙政园一起被誉为"中国四大名园"。留园内建筑精美,厅堂华丽,花木繁茂,池水清澈,峰石林立,素有"吴中第一名园"之称。

留园内建筑的数量在苏州诸园中居首,厅堂、走廊、粉墙、洞门等建筑与假山、水池、花木等组合成数十个大小不等的庭园小品。留园在空间的处理上,充分体现了古代造园家高超的技艺、卓越的智慧和江南园林建筑的风格特色。

一、"刘园"——"留园"变变变

留园属于私家园林,始建于明万历年间,距今已经有 400 多年的历史。最初是明朝太仆寺少卿徐泰时所建的"东园"。徐泰时曾任工部营缮郎中,参与营造明十三陵中的定陵。他为人耿直,终因得罪权贵而被弹劾回乡。由于长期在朝为官，他深感身心疲惫，因此回到苏州后，便不问政事，每天在自己的东园内赏花弄草，吟风咏月，在自然的空间中平复受到遏制的心灵。

留园风景

到了明清时期，东园已逐渐荒废。清乾隆年间，该园归吴县人刘蓉峰所有。他非常喜爱此园，大加整修、扩建，并取"竹色清寒，波光澄碧"之意，将园名改名为"寒碧山庄"。但由于园主姓刘，所以民间俗称其为"刘园"。

到了清同治年间，常州人盛康因为用偏方治好了慈禧太后的皮炎，得到朝廷的赏赐。盛家从此发迹，于是买下了刘园，并重新修建一新。重修之后，盛康将园名改为"留园"。随后，经过盛康之子盛宣怀的用心经营，留园声名大振，成了吴中著名的私家园林。

知识小百科

留园改名的故事

留园在清乾隆时期曾名为"寒碧山庄"，而苏州人却按照习惯称它为"刘园"，就是"刘家花园"的意思。后来，刘家败落，将此园卖给江南巨富盛宣怀的父亲盛康。园主已经易姓，但是老百姓口中还是叫"刘园"，这让盛家伤透了脑筋。一番冥思苦想之后，盛家将"刘园"改成"留园"。

园主为园林取名"留园"，寓意深刻。首先，"留"与"刘"同音，这样改，既顺应了百姓的习惯，又可以随着时间的推移由"留"

取代"刘"。其次，此园几度兴废，园主三易主人，为了图个吉利，取名"留园"，有"长留天地间"的意思。再次，这座园林整体上是一个圆形的布局——圆圆的土地上，出现了圆圆的一汪池水。建筑物与地形融为一体，鲜活地显示出一团和气的景象，就好像一幅苏州桃花坞木版年画《一团和气》。所以，"留园"有"滴溜溜圆"的意思。最后，改名"留园"，目的是让观赏者进园之后流连忘返，多停留一段时间。

把"刘园"改为"留园"，足以见得园主对汉语谐音的巧妙运用和深厚的文化底蕴。

自抗日战争到苏州解放，留园遭受了很大的破坏，园内的众多建筑几乎成了废墟。1953年，苏州市人民政府对留园进行了整修，使一代名园重现风采。

二、袖珍园林里的大千世界

留园的典型特点是以小见大，见微知著，即在一个园林中能领略到山水、田园、山林、庭园4种不同的景色。

留园的建筑布局结构分为前厅及中、东、西、北4个景区。前厅有一座大型漆雕屏风，上面是《缀玉留园全景图》。这是1986年为纪念苏州古城建城2500周年，由技艺高超的工匠用2500枚各类玉石薄片相缀而成。在全景图的上方高悬着一方匾额，上面写着"吴下名园"4个大字。在全景图屏门背面，刻有清代朴学大师俞樾先生所撰、吴进贤所书的《留园记》。

留园

1. 中部：池水明澈清幽

留园中部以水景见长，是全园的精华所在。园中有一汪清池，池水明澈清幽。池的西北角山丘连绵起伏，怪石嶙峋多姿，峰峦环抱，古木参天，山廊随山势的起伏上上下下。轩台掩映在桂树丛中，登轩可以俯视山池东南角的美妙景色，那里馆、亭、楼、轩参差错落，奇石古木、曲廊花墙也一起映入眼帘。

2. 东部：曲院回廊奇石

东部以庭院、建筑为主，有许多诱人醉迷的庭院小品。东部以曲院回廊的建筑取胜，疏密相宜。留园的东部有著名的林泉耆硕之馆、还我读书处、冠云台、冠云楼等 10 多处景观。除此之外，还有奇峰秀石引人入胜。院内水池后面立有 3 座石峰，中间是最著名的冠云峰，两旁是瑞云、岫云两峰。

留园石峰

3. 西部：品味山林野趣

西部有用土堆起来的假山，山上点缀上黄石，是全园的最高处。西部园区以自然山林为主，环境僻静，富有山林野趣的意境。往东有云墙与中部的山丘相隔相连，山丘的南面溪环柳绕，水阁跨溪建造。秋天，漫山的枫林红遍，分外迷人。

4. 北部：田园风光宜人

北部以田园风光为主，并有新开辟的盆景园，别具一格。

留园独创一格、收放自然的建筑模式，堪称精湛。层层相扣的建筑组群，变化无穷的建筑空间，虚实相间，以小见大，让人叹为观止、流连忘返。

三、绝妙布局的完美图画

绝妙的空间布局是建筑艺术的主要组成部分。留园的东、西、北、中4个景区之间以墙相隔，用廊贯通，又通过空窗、漏窗、洞门使两边的景色相互渗透，隔而不绝，其空间布局堪称绝妙。

留园从全局来看，虽然景色众多，但是一点也不零乱，而是带给人一种连续、整体的感觉。留园讲究亭台轩榭的布局、假山池沼的配合、花草树木的映衬、近景远景的层次，使游览者无论站在哪儿，眼前总是一幅完美的图画。

1. 内外空间相互衬托

留园在建筑上的一大特色，是它内外空间的互相衬托、互相补充，并且可以根据不同的意境而灵活巧妙地采取多种结合手法。

当亭台面对山池时，欲得湖山真意，就会取消面湖的整个墙面，自然美景一览无余。如果楼阁各方面对着不同的露天空间时，就会把室内的窗框设计成画框，从而把室外的景象作为一幅立体的画卷引入室内。另外，室内外空间的关系也灵活多变：既可以把建筑围成庭院，也可以用庭院包围建筑；既可以用小小天井取得装饰效果，也可以把室内外空间有机地融为一体。

2. 走廊里的无限乐趣

留园里有不少由两道高墙构成的走廊，虽然为数众多，但不会呆板单调，反而会生出些趣味来。造园家充分运用了走廊中空间的大小、方向的调整和明暗的变化，通过一系列设计巧思，在对比中让这段本来枯燥的行程变得自然多趣。留园内的众多通道，也通过环环相扣的空间，营造了层层加深的气氛，使游人在游览时看到的是回廊复折、小院深深，是错落变化的建筑组合。

进入留园，在狭窄的入口处望去，是两道高墙组成的长达50米的曲折走廊。造园家充分运用了这段空间回旋、曲折、明暗的变化，将一条单调的通道处理得趣味无穷。走廊内是迷离掩映的漏窗、洞门，若隐若现留园美妙的湖光山色。只有绕过门窗，自然景色才会一览无余，达到欲扬先抑的艺术效果。

进入"古木交柯"小院，由窄到宽，顿时给人一种疏朗明净的感觉。此处的走廊向两个方向延伸，一个向西，一个向北。向西走就到了"花步小筑"小院，透过回廊的门窗望去，门中有门，窗里套窗。一条走廊有机连接着两个院落，在空间上带给人无限延伸的感觉。另外，走廊的北墙和西墙都有漏窗。无论是向西还是向北，都能从漏窗里看到中部景区的景色。漏窗的图案各不一样，如同各色画框，风格迥异。

曲院回廊

从"古木交柯"小院向北就是曲溪楼。而曲溪楼通往客厅和书斋也有一段路程，作为从开阔的山水院落到富丽豪华的客厅，再到深邃幽雅的书斋的过渡。这段过渡长廊可为匠心独运一条功能上普普

"古木交柯"小院

通通的交通廊，却通过一处处不断变化的建筑组合，完全打破了走廊的格局，形成了环环紧扣的空间，时左时右，在不断变化更替的朝向中，形成了富于变化的旋律美。

四、留园美景知多少

留园内美景无数,精美宏丽的厅堂、安静闲适的书斋、丰富多样的庭院、幽僻小巧的天井、高高下下的风亭月榭……这些景物巧妙地组成了一个整体,就像一段美妙的音乐,让园内每一部分、每个角落,都能够感受到建筑带来的美感。

1."留园一绝"冠云峰

留园内的冠云峰为太湖石中的绝品,高6.5米,它汇集了太湖石"瘦""皱""漏""透"四奇于一身,形态奇伟,孤高磊落,纹理纵横交错,是苏州最大的观赏独峰,高居群峰之冠,因此得名为"冠云"。

冠云峰从不同的视角看去有不同的形态。从正面和西南、东南几个侧面看去,它的顶端好像飞扑而来的雄鹰,峰的底部犹如昂首的灵龟,形似"鹰斗龟";从西北望去,它却亭亭玉立,恰似一尊送子观音。

当年,主人酷爱冠云峰,于是在此峰的左右两边各放置了"瑞云""岫云"二峰,作为搭配。瑞云峰体态宽阔,纹理丰实,层棱起伏,多孔多皱,

冠云峰

富于变化。岫云峰雄浑高耸，涡洞相连，如同蜂穴。三峰之下的花台小径、花草池水点缀其间，成为留园的绝妙美景。

> **知识小百科**
>
> ### 冠云峰——"花石纲"遗物
>
> 北宋末年，虽然北面战事吃紧，金兵大举压境，但是宋徽宗却在东京城内大兴土木，建造了延福宫、万寿山，并下令在全国范围内征集奇花异石，名为"花石纲"，夸口要搜罗天下珍品，汇集在宫廷之中。宋徽宗还特地在苏州设立了应奉局，专门负责采办"花石纲"。
>
> 应奉局的主管叫朱勔，这个人最善于巴结上司。他拼命在民间搜刮，只要百姓家的一石一木被他打听到并看中，就立刻派兵上门抢夺。谁敢反抗，朱勔就马上以对皇帝"大不恭"将其治罪。有时为了搬树移石，朱勔甚至命令士兵拆掉百姓的围墙，甚至房子。朱勔如此横征暴敛，最终激起了民愤。当时方腊起义军的一个口号就是"杀朱勔"。与方腊起义军相呼应，苏州地区也爆发了农民起义。不久，北宋政权由于国库空虚、民不聊生，终于被金所灭，而宋徽宗自己也当了俘虏。
>
> 冠云峰就是当时没来得及运到京城的"花石纲"遗物。

2. 似舫非舫明瑟楼

在留园中部主体建筑"涵碧山房"东侧有一座体量高大的两层楼建筑，这就是取《水经注》中"目对鱼鸟，水目明瑟"之意来命名的"明瑟楼"。这里面临清澈明净的池水，楼边又有青枫庇荫，环境清雅明净。

明瑟楼底层因建筑外形像古代画舫前舱，所以取唐代杜甫《南邻》诗中"秋水才深四五尺，野航恰受两三人"之意，命名为"怡杭"。

明瑟楼与硬山式结构的荷花厅合二为一，形状酷似停泊在岸边的一只画舫。明瑟楼三面筑有矮墙，墙上设"吴王靠"。吴王靠在坐槛外缘设有短栏,用双摘钩系在柱子上,拦成半圆形,高一尺左右。游人侧身依靠坐憩,仿佛置身舟楫之中。

3."江南第一厅堂"

"五峰仙馆"是留园东部景区的主要建筑。因为五峰仙馆南面小院中有湖石假山,具有庐山五老峰的神韵,于是园主将大厅命名为"五峰仙馆"。这座高大宽敞的大厅,装修精美,陈设古雅,素有"江南第一厅堂"之美誉。

五峰仙馆是园主用于举行重大宴饮活动的场所。由于封建时代讲究男女授受不亲,因此在大厅的中后部,有一排屏门、纱隔和飞罩将大厅隔成了南北两个部分。南面宽敞明亮,座椅严格按规制摆放,是主人宴请男宾之处;北面则相对局促,是专为女眷而辟。

五峰仙馆东西墙上分别设了一列开合非常大,但是装饰简洁精雅的窗户。这样做的目的,是要把窗户外的 2 个小庭院的风景借鉴进来,拓展厅堂的视觉空间,保证建筑中有充分的光线。所以,当人们走进五峰仙馆的时候,没有阴暗、压抑的感觉,相反会觉得整个厅堂宽敞明亮,

五峰仙馆

宏丽大气。

五峰仙馆的建筑用材非常奢华，梁柱全部采用楠木，高深宽敞，古雅大方，所以又有"楠木厅"之称。中间也全部采用红木银杏纱隔屏风。使用如此贵重的木材，足以见得五峰仙馆在留园中的地位非比寻常。

在大厅西北角的木栅栏里，有一个大理石圆形落地插屏，红木底座，直径达140厘米，系江南同类插屏之最。馆内的22扇隔扇，窗心均为金石拓片，古朴大方。

知识小百科

隔扇的学问

隔扇其实是中国古代门的一种，上部有用棂条组成花格的窄门扇，是由宋式格子门发展而来，用于分隔室内外或室内的空间。

五峰仙馆厅堂是主人用来会见身份较高的客人用的。主宾会见时，仆役们都站在隔扇后面，透过隔扇，能从后面看到前面各色人物的一举一动，但前面的人却看不到后面。当客人需要续茶时，仆役们不用吩咐，就会及时上前把茶续上。

在大厅北侧一角，有一块圆形的大理石座屏，直径达1.4米，厚度却仅有15毫米，非常罕见。石面的纹理色彩构成了一幅天然水墨画。石面中间部分隐隐约约似群山环抱，悬壁重叠；下部流水潺潺，瀑布飞悬；上部流云婀娜，正中上方有一轮白白的圆斑，神似一轮天然的"朦胧月"，给人以"雨后静观山"的意境，令人称奇。

4. 林泉耆硕之馆

留园东部的主体建筑林泉耆硕之馆，与五峰仙馆并称双绝。"林泉"在此指山水风光，"耆"是指60岁以上的老者，"硕"在此指有学问和名望的人。馆名的意思是"老人与名流游憩之所"。

林泉耆硕之馆从建筑形式上看，是一个典型的鸳鸯厅结构的建筑。大厅为四面厅形式，北厅长窗裙板上刻"暗八仙"、花卉以及古戏人物图，半窗上刻有飞禽走兽图。南厅长窗裙板上刻渔樵耕读等人物图，半窗上刻飞鸟走兽图。馆内装修陈设富丽堂皇，是古典厅堂建筑的精品。

林泉耆硕之馆的南厅正中屏门上刻有冠云峰图，是清末的作品，这里布置着香妃榻、红木架穿衣镜以及大理石座屏，显得简洁而典雅。南厅外天井中，东西各种有一棵金桂，中间门上有"东山丝竹"四字门额。"东山"原指晋代谢安在浙江上虞的隐居地，在此则指代隐居；"丝竹"在此指音乐。门外原有戏厅，是园主听戏赏曲的地方。

林泉耆硕之馆

第三节 "水之亭园"沧浪亭

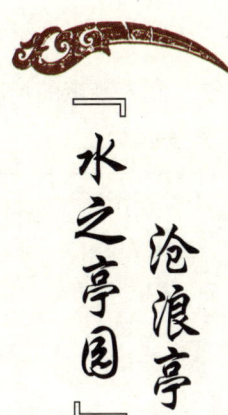

沧浪亭,不仅仅是一座亭子,还是苏州现存最古老的一座古典园林,距今已有近千年的历史。沧浪亭的造园艺术与众不同,未进园门便设一池绿水绕于园外。临水山石嶙峋,复廊蜿蜒如带。通过复廊上的漏窗渗透作用,沟通园内外的山、水,使水面、池岸、假山、亭榭融成一体。

园内以山石为主景,山上古木参天,山下凿有水池,山水之间以一条曲折的复廊相连。迎面一座土山,沧浪亭便坐落其上。沧浪亭外临清池,曲栏回廊,古树苍苍,垒叠湖石,人称"千古沧浪水一涯,沧浪亭者,水之亭园也"。

沧浪亭另一个不同于苏州其他古典园林的特色,就是打破了高墙围绕、自成丘壑的封闭式格局,以临水的建筑群将园内、园外的山水有机地融为一体,形成一种开放性的布局特色。

一、千年古亭,风雅犹存

沧浪亭位于苏州城南,最初为五代时吴越王外戚孙承佑的花园。宋代著名诗人苏舜钦,因赞同革新被革职,他来到苏州后,以4万贯钱买下此园进行修筑,傍水造亭。

苏舜钦为此园林题名"沧浪亭",自号"沧浪翁",并作《沧浪亭记》。欧阳修应邀作《沧浪亭》长诗,诗中以"清风明月本无价,可惜只卖四万钱"题咏此事。自此,沧浪亭名声大振,成为官绅宴饮、文人雅聚的场所。

知识小百科

苏舜钦与沧浪亭

沧浪亭是苏州园林中的佼佼者,也是现存最古老的一座园林。人们提起沧浪亭,自然而然就会想起它的创建者苏舜钦。

苏舜钦,北宋诗人,字子美,梓州铜山(今四川中江)人,迁居开封(今属河南)。曾任县令、大理评事、集贤殿校理、监进奏院等职。苏舜钦因支持范仲淹的"庆历革新"而遭到弹劾,后来闲居苏州。

北宋庆历五年(1045年),苏舜钦携妻子南下,流寓苏州。这次他在府学东边发现一块弃地,那里草木茂盛,池塘遍布,附近还有荒芜的池馆。苏舜钦后来得知这是五代时吴越王外戚孙承佑的花

沧浪亭

园,于是他花了4万青钱(约合黄金10两)购得此园,加以修葺,并在这水旁建了一个小亭。苏舜钦取《楚辞·渔父》中"沧浪之水清兮,可以濯吾缨;沧浪之水浊兮,可以濯吾足"之意,将此园命名为"沧浪亭"。

南宋时,沧浪亭曾是抗金名将韩世忠的宅邸。从元朝至明朝,沧浪亭废为僧居,曾是妙隐庵、大云庵。当时住在大云庵的和尚叫文瑛。明嘉靖年间,苏州知府胡缵宗为了纪念抗金名将韩世忠,把妙隐庵改建为韩蕲王祠,而文瑛和尚则于大云庵旁重建沧浪亭。归有光的《沧浪亭记》就是为文瑛和尚重建沧浪亭而写的。

知识小百科

抗金名将韩世忠

韩世忠(1089-1151年),字良臣,南宋名将,陕西绥德人。韩世忠出身贫寒,18岁应募从军,英勇善战,在抗击西夏和金的战争中为宋朝立下了汗马功劳。韩世忠为官正派,不肯依附奸相秦桧,为岳飞遭陷害而鸣不平。他死后被拜为太师,追封通义郡王。孝宗时,又追封蕲王,谥号忠武,是南宋一位颇有影响的人物。

清康熙三十五年(1696年),宋荦重建此园林,把傍水亭子移建在山上,也由此形成了今天沧浪亭的基础布局,并用文徵明的隶书"沧浪亭"为匾额。清同治十二年(1873年),再次重建。到目前为止,基本保持了当时的面貌。

沧浪亭虽经历代更迭有所兴废,已不是宋朝初建时的面貌了,但是园林内古木苍老郁森,还一直保持着历史的风采。

二、人文园林，底蕴深厚

园主苏舜钦最初把沧浪亭建在水边，康熙年间，江苏巡抚宋荦仰慕苏舜钦，前来寻访苏氏沧浪亭遗迹，但没有找到。于是他怀着景仰先贤之情，在这土山上重建了沧浪亭。宋荦在重修沧浪亭时，怀着的是一种敬仰先贤、遵守礼制、积极入仕的思想。所以他把沧浪亭从水边改建到山上，就是要表现一种"高山仰止，景行行止"的处世哲学。另外，从沧浪亭环顾四周，园内大多数建筑都环山而建。显然，这种布局主要是由园内地形所决定的，但客观上也突出了"高山仰止"的主题思想。

1. 沧浪亭楹联

沧浪亭石柱上有俞樾先生所书的石刻对联："清风明月本无价，近水远山皆有情。"这副对联是集欧阳修《沧浪亭》诗中"清风明月本无价，可惜只卖四万钱"的上句和苏舜钦《过苏州》诗中"绿杨白鹭俱自得，近水远山

沧浪亭楹联

皆有情"的下句组合而成的。上联写沧浪亭的自然景色，下联赞颂沧浪亭的借景之美，表达园主纵情山水、寄情自然的超然情趣。同时还将自然山水拟人化，使人与自然山水间产生情感交流，达到物我交融的境界，以表现士大夫文人在官场隐退后寄情自然、投身自然的闲情逸致。

2. 五百名贤祠

沧浪亭园内著名的五百名贤祠，是一间面阔5间的建筑。正中3间为堂，东西两边为侧室，整个建筑布置得庄重肃穆。堂内3面墙上嵌有125方碑石，共计594幅历史人物线刻头像，是清代石刻家顾湘舟所刻。

这594位历史人物是从春秋至清代与苏州历史有关的名士贤达，涉及政治、军事、科技、文化、文学艺术以及忠孝、隐逸等各个方面。其中有建造苏州城的伍子胥，孔子门生言偃，唐代大诗人李白、白居易，北宋文学家范仲淹、欧阳修和苏轼，南宋抗金名将韩世忠，南宋名臣文天祥，明代爱国学者顾炎武，清代民族英雄林则徐等。

他们在中国历史上都是妇孺皆知的著名人物，或清廉为官、勤政爱民，或刻苦治学、文章传世，是德才兼备的先贤名士。所以，清道光七年（1827年）江苏巡抚陶澍重修沧浪亭时，把康熙年间所建的苏公祠改建为五百名贤祠。

五百名贤祠

堂内匾额上是当代著名书法家顾廷龙先生书写的"作之师"。取自于《尚书》，是指五百名贤堪作万民之师的意思。匾额下方的石刻上刻着"景行维贤"4个大字，意思是指五百名贤都是行为光明正大、德行高尚、实为后人仰慕的贤德之人。

三、复廊蜿蜒，曲径通幽

沧浪亭的复廊不仅被视为沧浪亭造景的一大特色，同时也被誉为苏州古典园林三大名廊之一。苏州三大名廊一般是指沧浪亭的复廊、拙政园西部的水廊以及留园中部的爬山廊。

在假山与池水之间，隔着一条向内凹曲的复廊，东起观鱼处，西至面水轩，直达大门左侧，全长近百米。复廊东面的尽头在水边的石台上，是一座三面临水的方亭，名"观鱼处"，原名"濠上观"，俗称"钓鱼台"。观鱼处三面环水，观鱼纳凉，无不相宜。面水轩东、北两面临流，南面假

复廊

山，四周有围廊环绕，长窗洞开，好像泊岸之舟，也由此得名"陆舟水屋"。在此品茗赏景，别有一番风味。

循北廊临水而行，隔开水面，可以看到园外生动的市井风情，而置身南廊，面对园内之山，又能体会到文人山水园那份清静高雅的意趣。廊间墙壁上还开有许多图案各异的精美漏窗。如果从园外看，通过这些漏窗，可以欣赏园内的景色，感受到文人士大夫生活的清悠与闲适。而从园内透过漏窗往外看，又可以在市井的嘈杂中感受到水面的宁静，可谓"景外有景"。

知识小百科

奇妙的复廊

在中国古典园林中，廊是联系房屋或划分空间的建筑物，被称为风景园林的脉络。苏州地处江南，春秋多雨，夏季日照强烈，冬天多降雪。以前的园主为了防止因为气候恶劣而带来游园的不便，因此修建了许多迤逦曲折的长廊，将园林内的厅、堂、亭、轩连为一体。同时长廊又是分隔园林景区的极好手段，能为园林构成许多的风景面，并能增加风景的深度。所以江南造园，廊运用极多，而且大多为复廊。沧浪亭的临水复廊就是其中的佳例。

　　复廊是一种两面可以通行的走廊，中间隔有粉墙，墙上多设有漏窗。漏窗既分隔了景区，又可以使内外空间相互渗透、融合。复廊的出现，使园林形成了生动而诱人的过渡空间，以达到丰富空间层次的效果。比如，拙政园东部与中部园林之间，怡园东部庭院与西部山水园之间，其间隔均采用复廊形式。尤其是怡园的复廊，使东部庭院中的岁寒草堂和拜石轩等建筑物及庭院免受夏天西晒的酷热和冬季朔风的侵凌。另外，阳光也可以通过复廊中间的花墙漏窗，透射出玲珑剔透的图案。

　　在廊墙分隔内外的同时，跨在廊墙两侧的廊檐将园内的山和园外的水紧紧地衔接在一起，造成了山、水互为借景的效果，同时也弥补了园中缺水的不足，拓展了视觉空间，丰富了赏景内容，形成了苏州古典园林独一无二的开放性格局。

　　沧浪亭的复廊，使园外之水与墙内之山互为映衬，一虚一实，相得益彰。复廊外为临流清池，复廊内紧傍假山古亭。这样，虽然园中没有规模较大的池塘，却能借得园外水景，使其也自然地融入园中。

四、布局和谐，简洁古朴

　　从北门渡石桥进入沧浪亭，两边回廊曲折，中央的山丘石土相间，林木森郁茂盛。沿西廊南行，就到了西南小院，那里的枫杨枝繁叶茂，巨大的枝干直达云霄。院墙表面嵌有多幅雕砖，刻画历史人物故事。东侧是清香馆和五百名贤祠。再往南，有厅屋"翠玲珑"和看山楼，环境清幽，古朴雅致。

明道堂

由此向东，是明道堂。明道堂是沧浪亭中最大的建筑，格局严整。堂北的山巅，绿荫丛中，有石柱方亭，也就是著名的"沧浪亭"。山下有曲径通幽的复廊，景通内外，外侧临水。整个园林布局自然和谐，构思巧妙，是园林建筑的佳作。

沧浪亭全园景色简洁古朴，落落大方，不以工巧取胜，而以自然为美，力求山水相宜，宛如自然风景。沧浪亭园外景色因水而起，园门北向而开，前有一道石桥，一湾池水由西向东，环园南去，烟水弥漫，极富山岛水乡诗意。而园内布局以山为主，入门即见黄石为主、土石相间的假山，山上古木新枝，生机勃勃，翠竹摇影于其间，藤蔓垂挂于其上，自有一番山林野趣的韵味。

> **知识小百科**
>
> ### 明道堂
>
> 　　明道堂是沧浪亭园内的主厅，原名"寒光堂"，是清末同治年间重建后取苏舜钦所写《沧浪亭记》中"形骸既适则神不烦，观听无邪则道以明"之意而改名为"明道堂"的。意思是说：身体一旦舒适，心神就能安宁；所见所闻不涉邪事，就能悟得真理。
>
> 　　明道堂面阔3间，是明清两代文人讲学的地方。堂在假山、古木掩映下，屋宇宏敞，庄严肃穆。墙上悬有3块宋碑石刻拓片，分别是《天文图》《宋舆图》《宋平江图》。相传乾隆皇帝南巡时，曾召誉满江浙的苏州评弹艺人王周士于此堂内说书。

第四节 "假山王国"狮子林

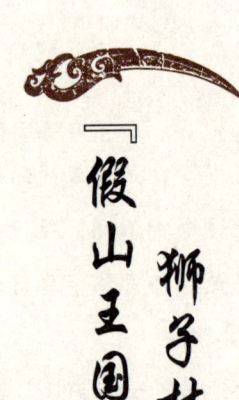

狮子林系苏州四大名园之一,位于城东北的园林路上,始建于元代至正二年(1342年),距今已有600多年的历史。这座园林是元代僧人天如禅师为纪念他的老师中峰禅师所建。狮子林的古建筑大都保留了元代的风格,是元代园林的代表作。主厅燕誉堂结构精美,陈设华丽,是典型的鸳鸯厅形式。指柏轩下临水池,南对假山,古柏苍劲,如置画中。在见山楼上可以浏览群峰,山峦如云似海,气势恢宏。五松园庭院幽雅,荷花厅雕镂精工,湖心亭、暗香疏影楼、扇亭等各有特色。另外,园内四周长廊萦绕,花墙漏窗变化繁复,让人流连忘返。

狮子林既有苏州古典园林亭、台、楼、阁、厅、堂、轩、廊等一系列人文景观,更以湖山奇石、洞壑深邃而盛名于世,素有"假山王国"的美誉。园内叠石众多,怪石林立,水池萦绕。狮子林虽缀山不高,但洞壑宛转盘旋,嵌空奇绝;虽凿池不深,但回环曲折。飞瀑流泉隐藏在花木之中,古树名木无不让人称绝,不愧是吴中名园。

一、浓郁禅意入园林

苏州园林多属于文人山水写意派的自然式园林。园主多是洁身养志的文人或官场失意的士大夫,他们希望在园林中寻找自由和快乐。因此,苏州园林多师法自然,追求山林野趣,游览其中,能带给人一种随意松弛、无

狮子林

拘无束的心境。可以说,苏州园林具有浓厚的士大夫文人色彩。但狮子林与众不同,具有浓厚的禅宗特色。

1. 几经兴衰,不离禅宗主题

狮子林在元代建造之初,是作为菩提正宗寺的后花园。1341年,高僧天如禅师来到苏州讲经,受到弟子们拥戴。翌年,弟子们买地置屋为天如禅师建禅林,初名"狮子林寺"。狮子在佛教中被视为神兽,佛陀讲经说法又称为"狮子吼",佛之坐处后泛指高僧座席,被称为"狮子座",禅宗寺院又叫"丛林",简称"林"。因此,"狮子林"3个字本身即是一个宗教用语。

该园建成后,当时许多诗人画家来此参禅,明洪武六年(1373年),大书画家倪瓒途经苏州,曾参与造园,并题诗作画,绘有《狮子林图》,使狮子林名声大振,成为佛家讲经说法和文人赋诗作画的胜地。明万历十七年(1589年),明性和尚托钵化缘于长安,重建狮子林圣恩寺、佛殿,再现兴旺景象。

1917年,上海颜料巨商贝润生(世界著名建筑大师贝聿铭的叔祖父)购得狮子林,花80万银圆,用了近7年的时间整修,引入西洋审美情趣,新增了部分景点,并冠以"狮子林"旧名,使狮子林一时成为苏州最辉煌的园林。

虽然狮子林几经兴衰变化,寺、园、宅分而又合,但是传统造园手法

与佛教思想相互融合,加之近代贝氏家族把西洋造园手法和家祠引入园中,狮子林便成为融禅宗之理、园林之乐于一体的寺庙园林。

2.处处景致,尽显禅宗特色

禅宗的僧侣起先多居住在岩穴、山洞之中,或是在寺庙中另立别院寄居,直到唐代的怀海禅师创立丛林制度,才建立禅院。而禅寺内也不像其他佛教寺院一样设有供奉佛祖、菩萨的佛殿,仅以讲经说法的法堂表示佛祖传授。狮子林正反映了禅寺的特征。在狮子林中,既没有佛殿,更无造像,只是以拟态的假山和散布在古树竹林与山石池水之间的普通的房舍反映禅宗寺院意味。

另外,园中众多建筑的题名均富有禅宗特色。如立雪堂、法堂来自"断臂立雪"的故事,指柏轩僧堂则出自"赵州指柏"的公案,问梅阁客舍得名于"马祖问梅"的典故。虽然在多次重建之后,佛殿、经阁、山门都消失了,但是园中建筑引用的额题、对联以及假山布置仍保留原先的面貌。由此可见,狮子林是禅宗文化与中国园林艺术相互影响的一个典型例证。

卧云室是狮子林最富禅味的处所之一。卧云室本来就是禅房,身处假

苏州狮子林风光

山中央顶端，开门就可以看见峰峦环抱。山体其实是太湖石，由人工堆叠而成，高不过10多米，远不如真山气派，更无云可卧。但是在狮子林这个特定环境中，"卧云"两字却发人想象：云生高山，绕之峰腰，卧云者必居高山群峰间。这种想象顿时让狮子林的假山变成真山，而人也飞升到几千米的高处，好像真的站在云端一样，集中体现了佛教精神。

二、假山迷宫甲园林

苏州地处太湖之滨，自古就盛产太湖石，用这种石头堆叠的假山就是俗称的"湖石假山"，具有婀娜多姿、玲珑剔透的阴柔之美，是苏州假山中的经典之作。狮子林假山正是其中的杰出代表。

自元代起堆砌的狮子林假山，群峰起伏，气势雄浑，奇峰怪石，玲珑剔透。假山群共有9条路线，横向极尽迂回曲折，纵向力求回环起伏。游人穿洞，时而登峰巅，时而沉落谷底，左右盘旋，上下起伏。洞穴诡谲，忽而开朗，忽而幽深，或平缓，或险隘，带给人一种恍惚迷离的神秘趣味。"人道我居城市里，我疑身在万山中"，就是狮子林的真实写照。

狮子林太湖石

1. 设计巧妙，回味无穷

狮子林假山是中国古典园林中堆山最曲折也最复杂的，分为上、中、下3层，高者立峰直达山顶，低者石矶沉入池中。据统计，园内深邃通幽的石洞多达21个，亭亭玉立的石笋多达34个。而大大小小的立峰，更是难以计数。整座假山气势磅礴，峰峦叠嶂，洞壑幽深，奇峰林立，怪石嶙峋，像一座曲折迷离的大迷宫。

狮子林的山洞，也不完全是以自然山洞为蓝本，而是采用迷宫式做法，通过蜿蜒曲折、错综复杂的洞穴相连，以增加游人兴趣。所以，其山用"真趣"二字概括更宜。园东部叠山以"趣"为胜，全部用湖石堆砌，并以佛经狮子座为拟态造型，构成石峰林立、出入奇巧的"假山王国"。

真趣

这其中著名的当数雄冠群峰的"狮子峰"了。狮子峰形如一头狮子。东侧为"含晖峰"，如巨人站立；左腋下有穴，而腹部也有四穴，在峰后可见空穴含晖光吐。两侧为"立玉峰""昂霄峰"及数十小峰相映成趣。假山上的磴道主要有9条，以湖石或青石堆叠，构成趣味各不相同的进山路线。沿着曲径磴道上下于岭、峰、谷、坳之间，过桥穿洞，来回往复，奥妙无穷。

2. 种类齐全，形态各异

狮子林以其别具特色的假山，成功地在繁华的闹市中营造了"城市山林"的景观，并获得了"假山王国"的美誉。狮子林的假山种类齐全，有

狮子林太湖石

太湖石假山，如大假山、小假山、岛山、南山等；有黄石假山，如小赤壁；有土石假山，位于水池西岸。

更多的零星湖石，有的点缀于亭周桥基，有的错落于曲径两侧，有的镶嵌在花台水榭，甚至连厅堂的台阶，也弃平整的花岗石条不用，而改用高低不平的湖石。假山形态各异，有峰峦岑嶂，有崖壁屏阜，有冈坡谷丘，有岛岸矶穴，蔚为大观。

在狮子林的假山中，给人印象最深的要数指柏轩前面积最大的太湖石大假山。大假山的顶部竖有林立的石笋与太湖石峰，山体由太湖石架空堆叠而成，盘旋曲折的磴道穿行于峰、岭、谷、洞之间，让人身入其中有真山实峰之感。

揖峰指柏

> 知识小百科

乾隆皇帝与狮子林

乾隆皇帝南巡,六游狮子林,题了3次匾额,留诗10首,可见他对狮子林的厚爱。据说乾隆皇帝游狮子林时,能够看出山石中的太狮、少狮、狮舞、狮卧及狮吼等各种形象,这说明他对狮子林的偏爱简直是如痴如醉了。

乾隆皇帝首次游狮子林时,竟将大画家倪瓒的《狮子林图》随身携带,按图游园,而且游后兴致勃勃地写下了《游狮子林》诗:"石不能言趣无穷,花应解语兴更添。"此外,乾隆皇帝还写了《游狮子林即景杂咏》诗四首。在诗中他说:"城中佳处是狮林,细雨轻风此首寻。"

因为特别喜欢狮子林,乾隆皇帝耗资20万两白银,先后在京城圆明园和河北承德避暑山庄内仿建了两处"狮子林"。

狮子林沧桑变迁数百年,虽然园林的园貌发生了巨大的变化,但诸峰如旧,丘壑依然;乾隆皇帝所赞誉的"一树一峰入画意,几弯几曲远尘心"的美景,仍蕴含在园中;刻有乾隆皇帝《狮子林》诗的御碑,虽剥落残缺,但依旧矗立,见证着这一段不寻常的历史。

三、花木掩映衬园林

苏州园林许多花木的种植与园林建筑和诗词匾联、人物典故相呼应,而且狮子林的花木配置也是如此。东部假山区以古柏和白皮松为主,西部和南部山地则以银杏、竹、梅为主。配植色香态俱佳的花木,疏密相间,错落有致,不仅增加了林木森郁的气氛,更使山石、建筑、树木融为一体,而成为真正的"城市山林"。

指柏轩前的假山上有元代古柏数株,有白皮松5棵,姿态苍劲,意境幽远。暗香疏影楼和问梅阁，推窗可见三五株梅，疏影横斜，暗香浮动。尤其是问梅阁中桌椅、吊顶都是梅花形，窗纹是冰梅纹，书画内容也与梅有关，与地上"冰壶"古井共同构成一幅思乡的画卷。其间更题有文天祥的《梅花诗》："静虚群动息，身雅一身清。春色凭谁记，梅花插座瓶。"诗歌借梅咏怀，体现了文天祥正气凛然的高尚情操。山石间有600年树龄的银杏一株，粗干老木，盘根错节于石隙间，夏日浓荫蔽日，秋叶灿若织锦，成为狮子林的一处妙景。

第五节 "以少胜多" 网师园

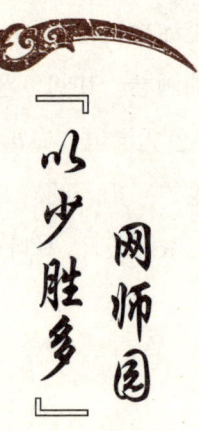

在苏州古典名园中,网师园占地不过8亩有余,面积是狮子林的1/2,留园的1/4,拙政园的1/8。然而它精致雅丽,小中见大,布局紧凑,闲逸空灵,园内有园,景外有景,主次分明又富于变化。网师园建筑精巧,园内有园,景外有景,空间尺度比例协调,建筑虽多却不见拥塞,山池虽小却不觉局促。全园韵味清新,文化内涵深刻典雅,不愧是江南中小古典园林的典范。我国著名的园林艺术家陈从周先生认为网师园是"苏州园林小园极则,在全国园林中亦居上选,是'以少胜多'的典范"。

一、渔夫之园,隐逸情怀

网师园的隐逸情怀主题缘起于第一代在该园现址筑园的史正志。史正志是南宋时期的吏部侍郎,因为被劾罢官而来苏州,在葑门外建万卷堂,其花圃称"渔隐",表达了官场失意后对隐居生活的向往。他之所以以"渔"命名而没有选择隐于"樵"、"耕"或"读",很可能是受江南水乡氛围的影响,想在这河池纵横、水巷阡陌的苏州做一个渔夫。

网师园风光

至清乾隆年间，退隐官员、光禄寺少卿宋宗元购得此园，谐附近"王思巷"之音，改名为"网师园"。"网师"是苏州人对渔夫、渔翁的尊称，与"渔隐"同意，都有隐居江湖的含义。网师园借用了宋代园名"渔隐"的含义，称此园林是"渔父钓叟之园"。另外，网师园内的山水布置和景点题名都蕴含着浓郁的隐逸气息。

此后，画家瞿远村路过这里，看见园林荒芜，楼阁倾圮，非常惋惜，于是购买下来，重新叠山理水，增建亭宇。网师园现在的景观，大部分都是出自瞿远村之手。此后的园主张锡銮、何亚农都继续沿用了这一园名，直到中华人民共和国成立后，

网师园砖雕门楼细部

何氏后裔将其捐献给国家。1958年，网师园由苏州园林管理处接管。

虽然屡经兴废，园主也多次更替，但网师园的"渔隐"主题一直被承袭下来，而且历代园主在对其进行修葺、扩建时也都围绕这一主题对建筑与景观命名。今天的网师园虽然是后来修葺、重建的，但都参照了历史资料遵循旧制而修葺、重建，其中的匾额楹联也大都沿用旧题、旧联，它们都是旧时园主为了营造隐逸之地、避世之所的意境而作，或是摹画自然山水之美，或是渲染山野田园之乐，或是点染仙道色彩，从而集中表现园林的主题。

知识小百科

网师园里的故事

1917年，张作霖以30万银圆买下了网师园，作为送给他的老师张锡銮将军七十大寿的贺礼。张锡銮曾经是张作霖刚做官时的顶头上司，是北洋元老。但奇怪的是，送礼的人和收礼的人都没去过网师园。

网师园在民国时期曾经吸引了各方名流的眼球。1932年，著名作家曹聚仁先生移居网师园。此外，来此园居住的还有艺术家叶恭绰，大画家张善子、张大千兄弟等。张大千和他的二哥张善子都是著名的画家，他们不仅先后在网师园居住了4年，还在网师园豢养了一只老虎，留下了一段艺坛佳话。

二、布局紧凑，小中见大

网师园布局紧凑，住宅和园林紧密结合，是一座典型的江南住宅园林。全园以池水为中心，布局均衡，境界各异。

1. 曲径通幽，蜿蜒曲折

网师园的总体布局，东部是住宅，西部是书斋，主要的山水景色都集中在中部。在住宅与庭园之间窄小、封闭的过渡性空间，巧妙地利用了园林景物的大小比例关系，精心妙置，小中见大，曲径通幽。每当游人置身其中时，都会有一种沉闷、压抑的感觉。可是一旦进入园中，视野顿时开阔，会产生一种意想不到的兴奋感。

网师园的东面，可以分为三重层次：水榭、连廊、射鸭廊形成了中景层次；住宅侧墙形成了背景层次；临空的山石、小山丛桂轩形成了近景层次。三者既和谐相处，又变化起伏，具有强烈的韵律和节奏感，相得益彰。

2. 荷花池畔，四季美景

网师园的主体景观是围绕荷花池展开的，四周的黄石假山和花木配置疏朗自然，显得格外宁静惬意。荷花池四周有射鸭廊、濯缨水阁、月到风来亭和看松读画轩，分以观赏春、夏、秋、冬四季景色。

射鸭廊在水池的东北角上，紧靠住宅，用来欣赏水廊春景；濯缨水阁在荷花池的南面，与东边的黄石假山相邻。濯缨水阁坐南朝北，前面临水，视野开阔，是观赏夏景的好地方，体现了"常倚曲栏贪看山，不安四壁怕遮山"的布局原则。

网师园冬景

> **知识小百科**
>
> **濯缨水阁的怪联**
>
> 苏州网师园是个精美秀丽的园林,其中有个水榭,位于水池的西南角,取名叫"濯缨水阁"。在濯缨水阁中还有一副奇特的楹联:"曾三颜四,禹寸陶分。"人称"怪联",是清代画家郑板桥书写的。其实,这里的"曾三"是春秋时期的曾子,他说:"吾日三省吾身。""颜四"也是同时代的颜渊,他说:"非礼勿视,非礼勿听,非礼勿言,非礼勿动。""禹寸"是指治水的夏禹,他很爱惜光阴,曾说"重寸之阴"。"陶分"是指晋代的陶侃,他更爱惜光阴,认为"当惜分阴"。这副对联不但因为对仗工整、用典恰当,富有情趣,而且蕴含着古人的教育理念,发人深省。

如果中秋到荷花池西面的月到风来亭赏月,更有一番情趣。月到风来亭源自唐代韩愈的诗句"晚色将秋至,长风送月来"。亭台建在凸出水面的高埠上,仰望皓月当空,俯视静影沉璧。如果回眸望去,亭内镜子里还有一轮明月,真是虚实相映,神秘莫测。

看松读画轩在荷花池的北面,三间正房朝南,是网师园的主要厅堂,这里参差错落的景物适合冬季临窗而望。

另外,四季景象分别以嫩竹、碧水、秋月、松柏为标志,分散在池水的四周,要么隔水相望,要么两两相对,彼此呼应,让人应接不暇。

3. 片山有致,寸石生情

殿春簃是网师园中一所独立的小院,位于园林的西侧。院内由素色的鹅卵石铺成的地面连接着北边3间小屋,加上旁边的曲廊,典雅幽静。平整洁净的院落,淡灰色太湖石铺成的花坛,玲珑俊秀的石峰,在斜阳的照射下,影子洒满墙壁,婀娜多姿,格外迷人。

在较小的庭院内堆山叠石,是江南园林常见的手法。网师园梯云室北边的庭院,贴近院墙的地方点缀着两三块玲珑剔透的湖石,从梯云室透过

网师园侧墙处理

隔扇远远看去,好像一幅图画镶嵌在精美的镜框中一般。网师园西部景区南侧院墙的处理也是如此,优美的湖石借助粉墙的衬托极富情趣。

三、花木造景,别有风韵

我国古典园林多取材自然,山石、溪流、植被都是造园的重要因素。网师园里的多种植物与建筑、山石、堤岸、水面等巧妙结合,苍劲与柔和相融合,别有一番韵味,也成为网师园的一大特色。

竹外一枝轩的左侧,原来有一棵黑松,树干曲折迂回,宛如黄山的迎客松。树干在水里的倒影若隐若现,四周又种植了灌木迎春。当春寒料峭,自然万物还没有苏醒的时候,它以繁花翠条向世人报春,被誉为"报春花"。

西部花园中池水上种植了睡莲。夏天到了,莲叶萍水,竞相争绿,映衬着莲花格外鲜艳。池中鱼群戏水,当人们向水中的鱼儿投放食物时,群鱼纷纷争食,宛如一幅"鱼乐戏水图"。池水四周,种满了各种花卉,四

网师园风光

季都有花可观。春天有迎春花、白玉兰，夏天有睡莲，秋天有桂花，冬天有蜡梅，堪称"春媚""夏清""秋香""冬瑞"，四季飘香，沁人肺腑。

由于网师园空间有限，因此在植物的配置上很讲究高低分层。园中乔木与灌木、常青树与落叶树疏密结合，还配置了许多攀缘植物，如紫藤、爬山虎等。这样设计，既能增加网师园的景致意蕴，又能保持自然淳朴的风貌，真是融风景、建筑于一体。

在网师园，同一树种还会有丛植或者孤植的搭配，心思巧妙，别致精巧，而桂花便是其中一个比较突出的例子。在小山丛桂轩景点，四周的桂花大大小小有几十多株，中间又穿插种植了蜡梅、翠竹作为点缀，使园林顿时具有"丹花间绿叶，锦绣相重迭"之美。

第六节 苏州园林连连看

苏州园林,源远流长,近的四五百年,远的上千年。苏州名园众多,环秀山庄、耦园、退思园、艺圃等,也都闻名全国,誉满世界。

一、"别开生面,独步江南"的环秀山庄

环秀山庄位于苏州城中,今苏州刺绣博物馆内。园内以山为主,池水辅之,建筑虽然不多,却很有气势。

环秀山庄建造历史最早可追溯到晋代,后来成为五代时期吴越王钱镠之子钱元璙的金谷园,宋代时为文学家朱长文的药圃,其后屡有兴废。明清时期成为私家园林。1988年,环秀山庄被列为全国重点文物保护单位;1997年,它作为苏州古典园林之一,被联合国教科文组织批准列入《世界文化遗产名录》。

环秀山庄是以假山为主的一处古典园林,可以称得上是山景园的代表作。园内的湖石假山堪称一绝,虽然仅占地半亩,但是峭壁、峰峦、洞壑、涧谷、平台、磴道等山中之物,应有尽有,而且极富变化。假山一座,池水一湾,独出心裁,另辟蹊径。两者配合,佳景层出不穷。展望全园,山

环秀山庄

重水复步入其境,移步换景,变化万端。

假山是由清代叠山大师戈裕良主持修建的。他吸收了清代著名山水画家石涛的绘画风格,使得假山既有远山之姿,又层次分明。正面的山形好像狮子山,主峰突起,次山相衬在后,雄奇峻峭,相互呼应。

知识小百科

环秀山庄的假山

戈裕良叠山运用"大斧劈法",简练遒劲,错落有致,浑若天成。建成后的假山能逼真地模拟自然山水,以质朴、自然、幽静的山水,来体现环秀山庄委婉含蓄的诗情画意。另外,通过合理安排山石、树木、水体,体现深远与层次多变的画意。园林艺术家陈从周也认为:"环秀山庄假山允称上选,叠山之法具备。造园者不见此山,正如学诗者未见李杜,诚占我国园林史上重要一页。"

环秀山庄

主山从东北方的平冈短阜开始,连绵不断,既有高耸感,又有奔腾跃动的气势。主山分前后两部分,其间有幽谷,外形峭壁峰峦。后山临池水部分为湖石石壁,与前山之间留有仅1米左右的距离,构成洞谷,谷高5米左右。主峰高7.2米,涧谷约12米,山径长60余米,盘旋上下,好像危岩峭壁,溪涧洞穴,如高路入云,气象万千。

至西南角,山形动态延续向外斜出,呈崖峦状,面临水池。山体以大块竖石构成,叠成垂直状石壁,收顶峰端,形成平地拔起的秀峰。山脚与池水相接,岸脚上实下虚,宛如天然水窟,又似一个个泉水之源头,与雄健的山石相对照,生动自然。

二、耦园:东方式的罗曼蒂克

耦园位于苏州城东北部小新桥巷,三面临河,一面通街,粉墙黛瓦,映衬着小桥流水,颇有江南水乡风韵。耦园正宅居中,有东西两个花园。

耦园的前身是涉园,建于清朝初期,咸丰年间逐渐荒废。同治十三年(1874年),沈秉成购得废园。当时沈氏夫妇有归隐的意思,就聘请了清代画家顾沄进行重新设计,扩地营构,改名"耦园"。古时两人耕种称为"耦",故名"耦园"。"耦""偶"相通,其中包含了夫妇归田隐居的意思。两年后,耦园落成,沈秉成夫妇在园内偕隐了8年,伉俪情深,十分恩爱。中国古典园林的造园立意,往往追求奇

耦园

构妙筑,供人观景怡悦,但是耦园却以夫妻恩爱的"罗曼蒂克"作为造园的主题,在苏州众多园林中别具一格。

耦园是一座古朴幽静的宅院。东花园是耦园的精华所在,以山为主,以池为辅,周围环以亭廊楼榭,呼应主景,重点突出,配搭得当。整个布局看起来疏密得体,错落有致。东花园主厅城曲草堂是一座重檐楼厅,其东为双照楼,是全园赏景佳处。而城曲草堂也寓意沈秉成夫妇厌恶官场奢侈豪华的生活,而甘愿居于草堂白屋的隐居生活。

园中一景

西园以书斋为主,前有平台、湖石假山,东有鹤寿亭,北有藏书楼。书斋取名"帜帘老屋",四周有象征群山怀抱的叠石和假山。假山轮廓完整,淳朴自然,山上有云墙相隔,山下有山洞相通,与书斋前宽敞的平台、四时花艳的花坛组成一组幽静恬美的环境。这样的建筑设计,寓意夫妻二人在山林深处一起读书明志、共同劳动的意境。在书斋后面,建有一座不对称的凹形书楼,沈秉

成夫妇在此吟诗作画,留下了众多的诗篇佳句。

全园主景是黄石假山,筑于城曲草堂楼厅前面,石块大小相间,手法逼真自然。假山东半部较大,自厅前石径可通山上东侧的平台及西侧的石室。平台东面,山势逐渐增高,转为绝壁,直削而下,又临于水池,假山体量与池面宽度配合适当,空间相称,是全山最精彩之处。假山西半部较小,自东向西逐级降低,坡度渐缓。东西两半部之间有谷道,两侧峭壁如悬崖。山上不建亭阁,而是在山顶、山后铺土之处,种植了10余种花木,随风摇曳,平添了山林趣味。

2001年6月,苏州耦园被列为全国重点文物保护单位。2000年11月,被联合国教科文组织列入《世界文化遗产名录》。

三、幽静淡雅的退思园

退思园,建于清光绪十一年至十三年(1885-1887年)。园主任兰生,落职回乡,花10万两银子建造宅园,取名"退思"(取《左传》"进思尽忠,退思补过"之意)。

退思园的设计者袁龙,精通诗文书画。他根据江南水乡特点,因地制宜,精巧构思,历时2年建成此园。亭阁、长廊环水而建,设计了坐春望月书楼、琴房、退思草堂、"闹红一舸"、眠云亭等建筑。

退思园布局独特,亭、台、楼、阁、廊、坊、桥、榭、厅、堂、房、轩,一应俱全,既质朴无华,又素净淡雅,具有晚清江南园林的建筑风格。园林以水为中心,各类建筑好像浮在水上,突出了水面的汪洋之势,因此有"贴水园"的美称。整个园林格局紧凑自然,同时又结合植物配置,点缀四时景色,给人清澈、幽静的感觉。退思园在建筑结构上分东、西两个部分。东部为园林,西部是厅堂住宅。两部之间有月洞门相通。

退思园的水面比较开阔,园内建筑则小巧玲珑,处理不好会有散乱的感觉。要解决这个问题,建筑的单体组合、临水立面的变化以及建筑与水的进退关系,都必须处理好。退思园水池"甫岸"就成功地解决了这个问题。

退思园内美景

甫岸的"辛台"是一幢二层小楼,与菰雨生凉轩相隔一段距离,无论是从空间比例上,还是从立面变化上看,均略显不足。但通过天桥将两者连接后,马上就变成了一组活泼的建筑群。天桥其实是二层楼廊,与园西北部的揽胜阁遥相呼应,上为桥,下为廊,模似阿房宫复道。天桥好像横空出世,飞越山巅,连接菰雨生凉轩,与辛台为一体。天桥前后贯通,八面来风,炎热酷暑时,到这里消暑纳凉,神清气爽。

退思草堂是退思园的主要建筑,草堂不追求华丽,无论是门窗装饰还是家具陈设都朴素淡雅。退思草堂北面点缀有建筑小品,南面的露台面临荷池,站立露台可环顾全园。

退思草堂

与草堂相连的是环水池而筑的九曲回廊。此廊蜿蜒曲折,高低起伏,而墙上的漏花窗刻有"清风明月不须一钱买"的诗句,表现了对大自然的感激之情,充满诗情画意。这种将诗句制作于漏花窗上的做法，在苏州园林中仅此一例。

菰雨生凉轩是一处临水小轩，位于水池东南。轩底原有3条水道，荷池碧水循环其间，因此轩内阴湿凉爽，每逢盛夏酷暑，于此剖瓜赏荷，热渴尽消。轩面有

退思园内美景

4扇长窗，轩内隔屏正中有一面大镜子，镜前设有小榻。夏天躺在卧榻上，背后的镜里反映出池中一片莲荷，仿佛置身于荷花丛中。用镜面扩大园林空间是苏州园林中常见的手法，在此处结合床榻的巧妙运用，算得上独具匠心。自菰雨生凉轩穿过假山洞，沿石级盘旋而上，便来到堪称江南园林一绝的天桥，视线豁然开朗。

揽胜阁是一座不规则的五角形楼阁。它的设计因地制宜，居高临下，东园佳境一览无余，这在江南宅第园林中独树一帜。揽胜阁也可以使宾客中的女眷足不出户，就可饱览园中美景。

迎宾居、岁寒居是园主当年以文会友、陶冶性情的地方。岁寒居宜于冬季赏景，窗外飘雪，透过居室花窗，可见清幽孤傲的蜡梅、挺拔坚毅的苍松、清骨神秀的翠竹，组成一幅"岁寒三友图"，更能从中悟得雪压青松之韵，听得翠竹敲窗之音，静中有动，声情并茂。

退思园全园布局紧凑，一气呵成，有序幕，有高潮，跌宕起伏，像一曲人与自然完美结合的乐章。1986年，美国纽约市在该市斯坦顿岛植物园内，以退思园为蓝本，建造了一座面积3850平方英尺的江南庭园，取名"退思庄"；2001年，退思园被列入《世界文化遗产名录》；2001年6月，退思园作为清代古建筑，被国务院批准列入第五批全国重点文物保护单位名单。

四、艺圃：显现浓郁的人文气息

艺圃位于小街深巷之中，园景开朗，环境幽静，风格质朴。艺圃是苏州现存明式小园林的代表，400多年来历经沧桑，主体风格却无多大变化，开朗简练的叠山理水手法，展现了园林的人文气息。

艺圃风光

艺圃最初是明代袁祖庚所建，取名"醉颖堂"，后归文徵明的曾孙文震孟所有，改名"药圃"。清朝初期，归明崇祯进士姜埰（号敬亭）所有，改称"敬亭山房"。后来，他的儿子姜实节又将其更名为"艺圃"。

全园占地仅5亩，以约占1/5的池水为中心。水面集中，东南和西南两角，各有水湾伸出，并在水面上搭建了形制不同的石板桥，使得水面看上去开阔流动，而没有拥塞局促的感觉。

艺圃中的石板桥

博雅堂是园中的主要厅堂，南面有小院，建有湖石花台。院南临池处，有水榭5间，两侧厢房则与池水东西两面的厢房相连。池水南面是假山，以土堆成，临水之处，则以湖石叠成绝壁、危径，既变化万千又自然疏朗。从池北远望此处，山石嶙峋，树木葱郁，给人以奇秀之美、山林之趣，成为园中的主要景观。这种以池水、石径、绝壁相结合的建筑手法，是明清时期苏州一代造园家经常用到的，取法自然而又力求超越自然。池水之东有乳鱼亭，系明代遗物，外有小径与各处相通。池水之西，有芹庐小院，以圆洞门与其他景区相隔而又相连。步入院门，即可见院中有小池，似与大池相通。这在苏州园林中还属于孤例。院中散置湖石花木，为园内最为僻静之处。

2000年11月，艺圃被联合国教科文组织列入《世界文化遗产名录》；2006年5月，艺圃作为明代古建筑，被国务院批准列入第六批全国重点文物保护单位名单。

知识小百科

三代园主人的铮铮傲骨

艺圃流誉四方，主要原因不仅在于它的奇山秀水，还在于园主人所蕴含的人文气息。

艺圃的第一任主人袁祖庚雅洁自好，看到官场腐败，弃官归隐，还放下身份，经营当时被主流社会所不齿的"田业"，在当时"吴中士大夫往往不乐居此"的地方，草创了艺圃，名叫"醉颖堂"。这种惊世骇俗的叛逆精神，深受后人的敬仰。

艺圃的第二任主人是文震孟。文震孟出生在一个书画世家。他的曾祖父就是著名书画家的文徵明，而他的祖父文彭、父亲文元发也是著名书画家。文震孟作为状元，一直在京为官，秉公为政，廉洁自律，官至大学士。他与兄弟文震亨在东林党与阉党的斗争中，立场坚定，不屈不挠，受到朝野上下的拥戴。

　　艺圃的第三任主人姜埰是明末大臣，因直言政治，触怒崇祯皇帝，谪戍宣州卫（今安徽省），未至戍所而明朝灭亡，于是辗转寓居苏州。他改"药圃"为"敬亭山房"。姜埰逝世后，他的儿子姜实节又将"敬亭山房"改名为"艺圃"。作为明王朝的遗老遗少，姜埰父子传奇式的经历和刚烈的处世风范，为艺圃带来了更多的荣誉。姜氏父子把艺圃的各种景致名称，都加上了含义深刻的色彩——有的寄托了明显的处世道德，如念祖堂、香草居、思嗜轩；有的暗喻了主人的政治理想，如谷书堂、响月廊、朝爽台。

　　正因为艺圃三代园主人的高风亮节，使得艺圃成为当时著名的文人活动中心。他们通过营建艺圃的建筑、花木栽植、景点设置，融合自然美与人文美，也为中国的造园艺术增添了光彩。

第六章

园林文化面面观

第一节 有趣的园名

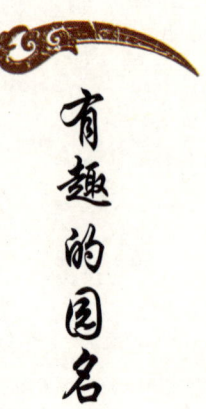

我国的古典园林，以别致的造型、精巧的布局、独特的风格而闻名天下。而每一座园林又各具特色，它们都是独显匠心的艺术精品。与园林的建造一样，园名的命名也丰富多彩，既考究又不失情趣。

园名，是指一座园林的名字，如『颐和园』『拙政园』『沧浪亭』等。由于园林主人的性情、修养、地位不同，园名也是大相径庭。别致生趣的园名，或意味深长，或质朴归真，或清词丽句，能给人以美的享受。

园林秋景

一、园名溯源

园名最初只是一种符号,通常以地名或人的姓氏代之,并没有什么特殊的含义。秦始皇营造朝宫,因为前殿在阿房村,就借名为阿房宫;西晋时期的石崇在河南金谷涧建园,也以金谷作为园名。

到了宋代,园名的考究一下子盛行起来。当时文人学者筑园立名,大多反复斟酌,深寓其意。北宋朱伯原在苏州建造"乐圃",虽然命名只用一个"乐"字,其中却大有讲究——取《周易》"乐天知命故不忧"之意。因此,宋人以"乐"命名园林的有很多。例如司马光有"独乐园",邵雍有"安乐窝",张栻有"乐斋"等。

后来,表现归隐之乐,几乎成了后代园林命名万变不离其宗的规律。苏州拙政园,取名于西晋文学家潘岳的《闲居赋序》:"灌园鬻蔬,以供朝夕之膳;牧羊酤酪,以俟伏腊之费。孝乎惟孝,友于兄弟,此是亦拙者之为政也。"园名很切合园主王献臣辞官归乡的实际状况,而且自嘲中又带有不为世用、退而求其次的感慨。

另外,以"字义"取名也是古典园林命名的一大特色。"圆明园"原是康熙皇帝赐给时为皇子的雍正皇帝的藩邸,康熙皇帝亲笔御书匾额。为什么把此园命名为"圆明园"呢?雍正皇帝的解释是:一位有才德的人能做到既无过又无不及,就是"圆";一位知命通达的人能洞悉万物,就是"明"。"圆明"是一种品德,更是一种境界,还是一种帝王治国的理念。用"圆明"命名,是希望雍正皇帝修业进德,懂得为君之道。

南京的瞻园,在清初是江宁布政使司衙门所在地。乾隆皇帝南巡时曾两

南京瞻园

度到此游览，以欧阳修"瞻望玉堂，如在天上"句而把此园喻之为"天上玉堂"，并赐名"瞻园"。

上海的古猗园始建于明嘉靖年间，距今400余年。园内以竹为景，立柱、椽子、长廊等也刻着千姿百态的美竹。取《诗经·卫风·淇奥》中"绿竹猗猗"之意，命名"猗园"。清乾隆十一年（1746年）扩建重葺，更名为"古猗园"。

宋代诗人韩琦对白居易的诗十分崇敬，曾在家乡河南安阳建造了一座厅堂，名曰"醉白堂"；清人顾大申也非常崇拜白居易，常常陶醉在白居易诗的优美意境中，于是仿效韩琦将自己的园子命名为"醉白池"。

二、园名趣谈

1. 个园

扬州的个园，园名起得含蓄绝妙，又恰到好处。个园本为清代画家石涛故居，清嘉庆、道光年间，两淮盐商黄应泰在此建成自己的私家花园。黄应泰十分爱竹，取苏东坡"宁可食无肉，不可居无竹，无肉使人瘦，无竹令人俗"的诗意，在园中种竹万竿，而又因为"竹"字是由两个"个"字组成，因此取名"个园"。

2. 可园

广东东莞的可园始建于清道光三十年（1850年），原是岭南画派创始人张敬修先生的府邸。张敬修免官回乡修建可园，3年后竣工。传说竣工后张敬修大摆筵席，广邀文人雅士庆贺。席间，张敬修让人评点自己的新宅。客人们一时找不到合适的词语来赞美，应付说："可以！可以！"于是，张敬修便以"可园"作为宅名。"可园"意为"可以的园子"，反映出张敬修自谦的人生态度。

还有一种说法是，张敬修在宦海中曾数起数落，于"乐天知命之学"深有体会，把自己的宅邸命名为"可园"，是为了教育子孙后代在宦途上"可行则行，应止则止，乐天安命"。

可园

3. 寄啸山庄

扬州有个风景秀逸的"寄啸山庄",园名起得古怪、奇特,与园林的典雅布局大不相宜。原来这其中寓有园主何芷舠当年对政局的不满。当时的清政府腐败无能,签订了一系列不平等条约。眼见时局危亡、河山沉沦,空有报国之心的何芷舠,不愿再沉浮宦海,于是归隐于扬州,购园扩建,又取陶渊明的"倚南窗以寄傲""登东皋以舒啸"之意境,将园林命名为"寄啸山庄",用以寄托自己对腐败无能的清政府的不满与愤慨之情。

4. 止园

西安的止园,曾是唐朝的政治中枢太极殿的所在地。到了明代,千阳郡王又在此修筑气势恢宏的王府,人称"九王府"。到了民国初年,这座曾经显赫一时的宏大建筑群仅剩下一座殿堂。后来杨虎城将军回到陕

止园

西,在这座废墟上兴建了一座美丽的园林作为官邸。为了显示军威,取"紫气东来"的第一个字"紫"字,将自己的官邸命名为"紫园"。

而至于"紫园"为什么改名为"止园",其中还藏有一段逸闻趣事——据说,蒋介石十分有戒心,而杨虎城将军为官邸取"紫"这一极有皇家色彩的字为园名,无疑会让蒋介石很不高兴。于是在1936年,杨虎城在友人的提议下,取"止戈为武"之意,将官邸改名为"止园"。

5. 狮子林

元至正元年(1341年),高僧天如禅师来苏州讲经。第二年,弟子"相率出资,买地结屋",为天如禅师建造禅林。因园内有一大片竹林,竹间怪石嶙峋,状如狮子,加上天如禅师得法于浙江天目山狮子岩,于是为纪念师承关系,命名园林为"狮子林"。

第二节 别致的匾额、楹联

我国古典园林的意境深远，在景点或建筑上往往配有匾额、楹联，它们比较真切地反映了园林景观的真实意境，有助于启发人们的联想，以加强其感染力，起到画龙点睛的作用。

这些匾额、楹联，文字虽少，却能够结合园林的布局，彰显出强烈的文人精神，大多集中表现了标榜孤高傲世的士大夫情调。这些楹联，或自我解嘲，或淡泊明志，隐约透露出园主人现实与虚无的矛盾心态。匾额、楹联让我国的古典园林既具有自然山水的形式美，又升华到了诗情画意的意境美。

一、归隐之情

隐居是文人出世的一种表现。彻底的隐居者可以剃度出家，也可以隐入人迹罕至的山林中。但是，大多数"隐士"是从官场上退下来的失败者，他们在城市中购置园林，向往古时隐逸圣贤，把自己比为淡泊的落魄者。他们一方面建筑豪华园林继续享受尘世的浮华生活，另一方面借题寓意超然出世。许多古典园林的匾额、楹联就是这类"隐士"矛盾的心理体现。

苏州沧浪亭的"翠玲珑"，周围有近20种竹子，绿意盎然，生机蓬勃。

而文人或为官或游历，无不仰慕竹子坚韧不拔的品格，取名"翠玲珑"也具有深邃的象征意义，使此处成为当时文人雅游、吟诗作画之地。

苏州留园楠木厅悬有清代著名金石学家吴大澂篆书匾额"五峰仙馆"，人们会不由自主地把注意力放在厅南湖石峰峦上。这是写意的庐山五老峰。庐山在古人心目中是隐士和仙人的乐园。五老峰高峻挺拔，远望如五位老人端坐于此静赏云光山色。它们的背后连成一片，像一枝巨大的芙蓉，伸向鄱阳湖的万顷烟波。而五峰仙馆就有一个大理石屏联：

　　雨后静观山意思，

　　风前闲看月精神。

五峰仙馆

这是清人梁巘集宋诗人邵雍诗句而成的集联。联语选取了富有诗意的自然景物：新雨洗过的青山、清风、明月，景清而意远，仿佛天然的山墨图画，看了让人心境闲适、情致飘逸。此联意境清幽、静谧、冷寂，寓意含蓄，耐人咀嚼。

二、审美旨趣

很多匾额、楹联将自然景观艺术化,将诗境和物景融为一体,从而获得绵绵无穷的隽永意蕴。比如拙政园有一处"雪香云蔚"小亭,亭旁梅影摇曳,枫、柳、松、竹掩映生辉,游人游至此处温馨新鲜的山野气息扑面而来。抬头再看明代倪元璐的草书题字"山花野鸟之间",有画龙点睛的功效,顿时营造出野趣盎然、宁静甜美的意境。再看文徵明的一副草书对联:

蝉噪林愈静,

鸟鸣山更幽。

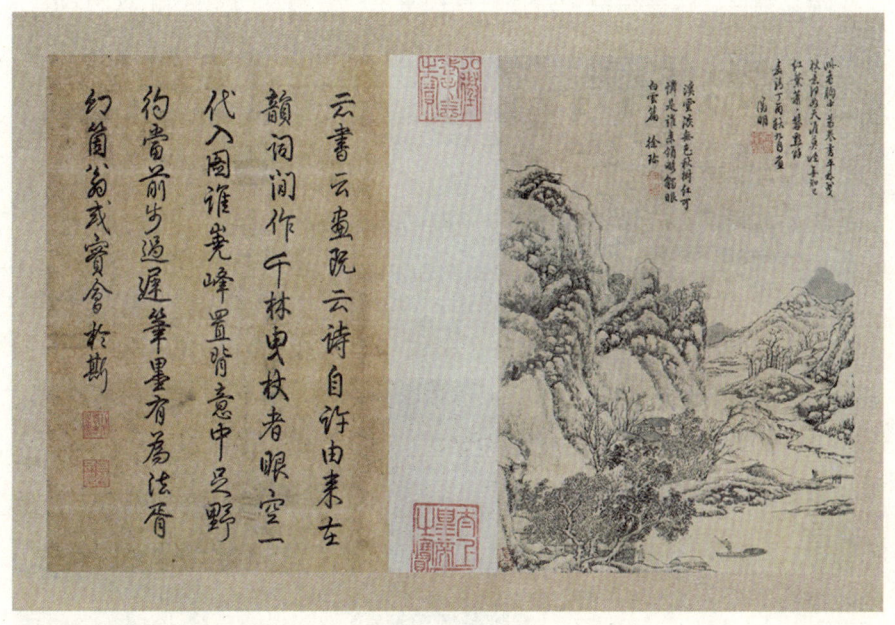

文徵明千林曳杖图

这副对联取自南朝梁王籍《入若耶溪》诗句,运用"寂处有声",以声显静的艺术手法,渲染出一种幽静、深邃、富有情趣的艺术氛围。"蝉噪"应该使树林充满噪声,鸟鸣也会打破山的幽静,联中却说声响反而显得寂静。对联抓住了现实生活中寂时有声更觉静的体验,用"以噪烘静"的手法表达了园林寂静之美。

再如沧浪亭明道堂抱柱联:

尘缨聊一濯,拟明日刺船径去,遥情沧海契成连;
渔笛好同听,羡者君判牍余闲,清兴南楼追庾亮。

这是清同治年间湖北巡抚郭伯荫撰写的对联。上联用春秋时伯牙东海仙岛学琴的典故,表现了作者热爱大自然的心志;下联则将同僚们清高逸兴与西晋庾亮的南楼赏月并提。联中的"尘缨聊一濯"和"渔笛"等,又都紧扣"沧浪"主题,与水园特点相合。

三、新颖意趣

很多楹联,讲究声律和对仗,词约义丰,有很高的阅读和观赏价值。有些楹联在技巧上还别具一格,有的采用双关、象声、叠字,有的采用嵌字、拆字、回文等形式和修饰手法,既清新奇巧,又让人被它的新颖构思和深远意趣所折服。

比如苏州网师园看松读画轩有一副回环体联:

风风雨雨暖暖寒寒处处寻寻觅觅,
莺莺燕燕花花叶叶卿卿暮暮朝朝。

此联文字用 14 对叠字组成,节奏鲜明,声声悦耳,极富音乐感。无论顺读、反读都合韵律,字通意顺,自然流畅。全联描绘了看松读画轩前四季明媚秀丽的风光。更有趣味的是,此联语所用叠字,是从人们特别熟悉的诗文中来的,很容易让人联想起这些诗文及有

看松读画轩

关的韵事。如"寻寻觅觅"取自李清照的《声声慢》,原本是形容词人心神无主,这里已扫去了原词句的悲愁之气;"暮暮朝朝"则来自楚国诗人

宋玉的《高唐赋》。联语曼调柔情，联绵回环，极富情味。

苏州拙政园"荷花四面亭"抱柱联别有妙趣：

> 四壁荷花三面柳，
>
> 半潭秋水一房山。

此对联一妙在联语移花接木。上联模仿济南大明湖历下亭刘凤诰所撰名联："四面荷花三面柳，一城山色半城湖。"下联则用唐李洞《山居喜故人见访》诗名句："看待诗人无别物，半潭秋水一房山。"二妙在联语蕴含"一、二、三、四"的序数。联语描绘了一年四季之景："一房山"，指树叶枯谢、山形倒映于池中之冬景；"半潭秋水"指秋色；"三面柳"可视为春景；"四壁荷花"乃夏景。此亭正处于广阔的水池之中，楹联将造园者的经营旨趣巧妙地透露给了游人。

第三节 飘逸的书法艺术

当我们游览园林的时候，除了观赏周围的山水、花木等自然景物之外，也会驻足欣赏一下碑石、楹联的字迹，从而会得到无尽的审美享受。将书画艺术融入造园艺术是我国古典园林艺术的一大特点。书法本身就是一种艺术，与园林结合，不但是一种解说，同时也是文人雅士抒发情怀的对象。古典园林的书法作品大多古朴典雅，不仅给园林增添了书香墨气，也给园林注入了人文内涵。

比如苏州怡园的门额上，有用楷书写的"春先"，行书写的"延月"，隶书写的"迎风"，篆书写的"挹爽"，还有用草书写的对联。怡园的廊壁上，刻满了书法杰作，琳琅满目，美不胜收。

怡园篆书

许多书法家甚至参加了园林的设计和建造。如明代书法家文徵明就参加了拙政园的造园活动，并且为繁香坞、倚玉轩、梦隐楼、意远台、瑶圃等 31 处园内景观赋诗题匾。其他画家也多自题堂馆和为他人题写匾额，如明代张瑞图自题的清真堂、果亭、睇发轩、白毫庵，明代陈洪绶题的广怀阁，明代唐寅题的桃花庵等，为园林增色不少。

很多古典园林的走廊墙壁上常嵌有书法碑石，碑上的文字多数是文学史上的名篇名句，而其书法则大多出自当时著名的书法家之手，所以人们又将其称为"书条石"。黑色书碑点缀于粉墙，显得古朴典雅，使园林充满了温雅的文气。苏州怡园曲廊的廊壁上嵌有历代书法家王羲之、怀素、米芾等的书条石，称为"怡园法帖"。苏州留园中的书条石随处可见，《寒碧庄记》《寒碧庄宴集序》《晚翠峰记》等文章都是因镌刻于其上而得以流传至今；狮子林主要有《听雨楼藏帖》；拙政园镶嵌在长廊中的《拙政园图册》，集诗、书、画于一体。

园林的题写，一般会请文化名人执笔，这样既增添了园林的文化底蕴，也有助于声名远扬。这些名人字迹，赋予了园林独特的文人士大夫气息，让后人在游览观赏中，睹物思人，古今遥接。朱彝尊精通诗文经学，善书画，深于金石考证，颇有影响。苏州留园有朱彝尊题写的对联"汲古得修绠，开琴弄清弦"，文笔俱佳。俞樾作为一代学术宗师，曾为网师园题写"撷秀楼"匾额，为篆隶之笔，古雅拙朴，别具一格。怡园内有《四库全书》纂修官和内阁大学士翁方纲题写的"石听琴室"匾额，行楷风味，厚实流动。何绍基以书法、学识著称，曾为翰林院编修，为网师园题写对联"巢安翡翠春云暖，窗护芭蕉夜雨凉"，堪为佳构。

撷秀楼

第四节 古典园林在国外

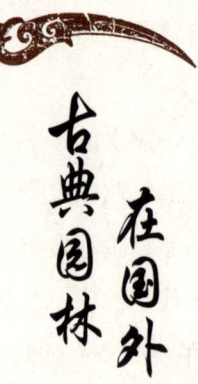

中国的园林艺术,作为中国文化的重要组成部分,一直影响着东亚和东南亚各国。不仅如此,中国的古典园林曾于17世纪左右在欧洲刮起"中国热"的旋风,当时在欧洲各国建造了不少中国风格的园林和建筑。1980年后,中国建筑的精华之一的造园艺术再次被介绍到西方世界。不同时期的两次"中国热"成为中西建筑文化交流史上的一段佳话。

一、两次古典园林"中国热"

第一次"中国热"发生在17、18世纪,受到中国古典园林艺术影响最大的是英国和法国,还包括德国、瑞典和俄国。18世纪的欧洲花园多为庄园府邸的附属花园,供主人游览观赏之用,多数为私家的。1980年后修建的中国式园林内容更为丰富,大致有以下几种:展览厅、园艺节参展作品、城市之间的友好赠建、纪念性的修建、观光园林。

18世纪欧洲的中国园林,在很大程度上融合了中国园林和西方园林的特色。由于部分花园是从古典式园林改建而来,还在局部保留了古典主义的手法,中西合璧的做法比较多见。总的来说,这时的欧洲中国园林,多数是在局部模仿,手法比较简单。自然风景园相对中国传统园林而言,处理过于粗糙,类似荒野的景色,缺乏中国园林的精心布置。图画式园林在此基础上增加了一些中国建筑,不过模仿得不太地道。

第二次"中国热"中,比如以中国典型的江南苏州古典园林为蓝本的美国纽约市明轩、加拿大温哥华市逸园,模仿北方皇家园林的英国利物浦市燕秀园,以岭南园林为蓝本的澳大利亚悉尼市谊园,表现云南园林特色的瑞士苏黎世市中国园,以楚地风格为基调的德国杜伊斯堡市郢趣园等,一般都能抓住古典园林的某种特点很好地加以表达,或以山水为主,或突出建筑物,风格上有的朴素淡雅,有的明快开阔,变化丰富,基本上能反映出中国园林多姿多彩的面貌。

二、国外的中国园林

1. 纽约大都会博物馆明轩

明轩 1980 年 4 月竣工于美国纽约的大都会艺术馆北翼。它是以苏州网师园为蓝本而建造的,占地 400 平方米。因以明代建筑风格为基调,故

纽约大都会博物馆

取名为"明轩"。这座庭园充分体现了中国传统古典造园艺术，凝聚了匠师们的心血，作为代表中国传统文化、民族特色的永久性珍品，所产生的政治意义和深远影响是无法估量的，而且时至今日，仍为世人所瞩目。它也是中国园林走向海外的开山之作。

2. 慕尼黑芳华园

芳华园位于德国慕尼黑的西公园内，是欧洲的第一座中国公园。公园占地面积700平方米，是为1983年在慕尼黑西公园举行的国际园艺展览会，由广州园林局设计并承建的一座小巧玲珑、具有江南风格的中国公园。园中以清碧的池水为中心，四周围以假山，间列亭榭廊舫，配有古树修竹，布局参差自然，形成具有强烈中国特色的园林空间，布局合理，轻巧明朗，花木繁茂，景致优美。

3. 新加坡蕴秀园

蕴秀园的整个工程建筑材料均来自中国。园内的叠石和假山全是出自中国的太湖石。园中的亭楼和山水与多个盆景区互相搭配，给游人一种浑然一体的感觉。盆景区分为微型盆景、树木盆景、精品盆景和水式盆景。蕴秀园除苏州式的景观盆景之外，亦采用中国岭南派、川派、杨派、苏派和海派设计的盆景。

4. 法兰克福春华园

春华园选址在德国法兰克福的贝特曼公园内。原址内有池塘、树林和草地，规划设计充分利用原有条件，营造出中国古典园林的气氛。园名"春华"，喻欣欣向荣之意。园内建筑造型为徽州园林的传统形式，提炼了较多的当地民居建筑元素，多用徽州的砖、木、石、竹加以点缀，体现出浓郁的地方特色。

5. 纽约斯坦顿岛寄兴园

寄兴园自1985年开始策划，至1998年建成，历时13年之久。其间中美双方多次相互考察，选定建造苏州园林风格的中式园林。寄兴园为典型的苏州古典园林风格，依地就势，堆山理水，所有的驳岸和叠石所用太湖石均由国内运去，其间的亭台堂榭、曲桥飞廊、花街铺地、云墙月洞应有尽有，在大洋彼岸共同构成了具有浓郁中国风情的园林空间。

6. 德国杜伊斯堡郢趣园

郢趣园作为友好城市的礼物，由武汉市赠送给德国的杜伊斯堡市。由于古楚之国都称"郢"，故名"郢趣园"。为体现古韵楚风，在色彩、雕刻、摆件、小品等方面颇下功夫，全园采用孔雀蓝色琉璃瓦，木作以棕黑为基调，明显区别于皇家园林和苏式园林，别具特色。

7. 利物浦燕秀园

燕秀园1984年建于英国利物浦的默西河畔，占地920平方米。园内两座古典园林建筑是仿北海公园静心斋中"沁泉廊"和"枕峦亭"建造的，雍容华丽，精巧细腻。该园题名"燕秀"，比喻其风格具有燕京（北京）园林的秀丽神韵。

燕秀园

8. 西雅图西华园

西华园位于美国西雅图之南社区学院，于2011年建成，占地6英亩，并公开征求园名，最后名为"西华园"。"西"指西方或西雅图，"华"指中华或华州。园内有多座假山及小径，溪水流经莲花池，通过岩峡，成为一股瀑布。此园以四川园艺为蓝本，并在园内遍植松、柏、枫、竹等树木。

9. 温哥华逸园

加拿大温哥华有座享有盛名的中国古典园林——逸园。它坐落在温哥华市华埠与市中心之间的中山公园内。1986年出加拿大华裔李希圣为纪念孙中山先生而建造，占地1430平方米，曾荣获国际城市中心协会1987年度"特别建设奖"。逸园运用孙中山先生的号"逸仙"命名，它集纳了苏州名园的精华，采用山池居中、建筑环绕的格局，建筑精致，景色秀美，风格独特，幽静典雅，已成为加拿大著名的游览胜地。

10. 悉尼谊园

谊园于1988年年初在澳大利亚悉尼市达令港畔落成,占地1万平方米。它的总体布局共分6个大景区:门庭导引区、主景区、竹林小院区、山涧瀑布区、山林野趣区、楼台水庭区。

参考文献

[1] 周维权：《中国古典园林史》，清华大学出版社1990年版。
[2] 彭一刚：《中国古典园林分析》，中国建筑工业出版社1986年版。
[3] 林兰英、王仁娟：《古典园林》，湖南科学技术出版社2009年版。
[4] 王其钧：《古典园林》，中国水利水电出版社2005年版。
[5] 蓝先琳：《中国古典园林大观》，天津大学出版社2002年版。
[6] 曹先娣：《园庭信步——中国古典园林文化解读》，中国建筑工业出版社2011年版。
[7] 谢芳、钟喜林：《园林建筑》，中国电力出版社2010年版。
[8] 梁美勤：《园林建筑》，中国林业出版社2003年版。
[9] 苏州园林设计院有限公司：《苏州园林》，中国建筑工业出版社2010年版。
[10] 陈从周：《说园》山东画报出版社、同济大学出版社2002年版。
[11] [明]计成著，赵农注释：《园冶图说》，山东画报出版社2003年版。
[12] 陈从周：《园林清议》，江苏文艺出版社2005年版。
[13] 清华大学建筑学院：《颐和园》，中国建筑工业出版社2000年版。
[14] 中国圆明园学会：《圆明园》，中国建筑工程出版社2007年版。
[15] 李龙：《承德避暑山庄及周围寺庙》，中国水利水电出版社2004年版。

图片授权
中华图片库
北京全景视觉网络科技有限公司
林静文化摄影部